LA INSTITUCIONALIZACIÓN DEL
ALGUACIL

El órgano que todo Juez necesita

Proyecto de ley del Alguacil de 20/11/2018, comentada

Álvaro José Caamaño Díaz

Título de la obra:
La Institucionalización del Alguacil
El órgano que todo Juez necesita

Autor:
Alvaro José Caamaño Díaz

Corrección de estilo:
Carlos Arturo Guisarre Minyetty
Elizabeth Mateo Pérez

Diagramador:
José Miguel Pérez

Portada:
Enrique Read

Edición gráfica:
Trajano Potentini & Asoc., S. R. L.
División editorial

ISBN: 978-9945-8-0406-5

Bajo los auspicios y cuidado de:

© 2019 Librería Jurídica Virtual
C/ Juan Sánchez Ramírez #21, Edif. Grace Sofía,
Apto. # 101, Gazcue, Santo Domingo, República Dominicana
Tels.: 809-620-3030 y 809-682-6343
www.trajanopotentini.com
e-mail: trajanopotentini1@gmail.com

Hechos los depósitos y registros que manda la Ley No. 65-00
Sobre Derecho de Autor de la República Dominicana.

Impreso en la República Dominicana /Printed in Dominican Republic

ÍNDICE

PRÓLOGO

Agradecemos la gentileza que ha tenido el licenciado Álvaro José Caamaño Díaz al solicitarnos realizar el prólogo de este libro titulado *"La institucionalización del alguacil, el órgano que todo juez necesita"*, que viene a enfatizar la necesidad de una estructuración legislativa respecto a los alguaciles que vaya en armonía al Estado social, democrático y de derecho establecido en nuestra Constitución, presentando a la comunidad jurídica una propuesta de reforma organizacional de estos actores judiciales.

Desde siempre se ha considerado al alguacil como un auxiliar de justicia, entendido así pues se trata de un colaborador cercano que coopera con el juez de manera más directa en el sistema de administración judicial. Sin embargo, esto va más allá de la concepción reducida de los alguaciles que los presenta como oficiales que ejecutan las órdenes de los juzgados y tribunales, con correspondencia a las leyes. Este libro plantea algunas ideas en aras de lograr una articulación institucional que permita dotar a estos actores de justicia de mayor organización en el marco de sus labores.

Entendemos importante reflexionar sobre la institucionalización de los alguaciles pues se trata de una figura importante para la labor judicial, dado que en sus hombros descansa, entre otros pormenores, la eficacia del sistema de traslados y notificaciones de documentos que han de sustentar, definir y/o ejecutar las decisiones judiciales.

En nuestro sistema de justicia, los alguaciles son reconocidos como oficiales ministeriales que notifican actos de procedimiento y ejecutan las decisiones de la justicia y/o los actos auténticos provistos de fuerza ejecutiva, dentro del límite de su competencia; distinguiéndose aquellos que son de Estrado, es decir que asisten a las audiencias para mantener, esencialmente, la solemnidad del tribunal, y aquellos que se les conoce como ordinarios, pues ejecutan todas las funciones propias de su ministerio respecto de las actuaciones judiciales o extrajudiciales que realiza.

De esta propuesta destacamos la valoración que el autor hace al importante trabajo desempeñado por los oficiales ministeriales y su relevancia en el sistema de justicia. Es oportuno que la comunidad jurídica revise el planteamiento desarrollado en estas páginas y con ello ponderar una reforma sustancial que se oriente a la adecuación del régimen que encuadra la actuación del alguacil.

Al ponderar esta obra, la Fundación Institucionalidad y Justicia, Inc. (FINJUS) reitera el compromiso que hemos mantenido a lo largo de los años para que la función del alguacil sea colocada en la justa dimensión que amerita en la sociedad actual, acosada por múltiples retos. Valoramos el esfuerzo que el Lic. Álvaro Caamaño y el equipo de alguaciles con los que trabajó, para producir esta obra que es una herramienta para la discusión de la realidad y futuro del alguacil en la República Dominicana.

Dr. Servio Tulio Castaños Guzmán

AGRADECIMIENTOS

Quiero agradecerle a Dios, por todas las bendiciones, revelaciones y fortalezas dadas por su gracia, para poder completar esta obra.

Agradecer a mi familia, especialmente a mi esposa, Elizabeth Mateo Pérez, mi complemento idóneo, ella que cree en mí hasta cuando la duda me abruma y me invita con amor a seguir y jamás rendirme; a mis hijos Alvin, Rubí, Coral y Hugo, a los que les he tomado su tiempo prestado para poder lograrlo, ustedes me inspiran y condicionan a ser un individuo forjado en valores; a mis padres, Raisa y César Andrés por su ejemplo de compromiso, dedicación y resiliencia para dar lo mejor, sin importar qué; a mis hermanos, Raisa y César por ser mis soportes incondicionales, mis mallas de seguridad para lanzarme tras mis sueños.

A mis grandes amigos, Carlos Andrés Pimentel de Peña y Carlos Arturo Guisarre Minyetty, dos seres maravillosos que a pesar de ser ajenos al tema de justicia han dedicado innumerables esfuerzos para que esta obra sea una realidad, sin ellos, no lo hubiese logrado.

Un agradecimiento manifiesto a la Asociación Dominicana de Alguaciles, por asumirme en su seno como hijo predilecto, a

Hipólito Girón Reyes, en su calidad de presidente, que instruyó acoger el proyecto sin temores ni reservas; al Consejo Directivo del periodo 2016 al 2018, por el respaldo y el compromiso de la continuidad institucional, a cada uno de ustedes; Vicente de la Rosa, Marcial Luciano, César Frías Rivera (EPD), José de la Cruz, Aldrin Cuello, Wander Sosa y Delio (Taino) Minaya (EPD), les agradezco y expreso mis respetos; al Consejo Directivo actual, Hipólito Girón, José Miguel de la Cruz, Juan Alberto Lebrón, José de la Cruz, Elido Caro, Pedro Junior, Rafu Paulino Vélez les agradezco y expreso mis respeto; a muchos otros héroes anónimos, soldados comprometidos con nuestra causa que durante estos años han aportado mucha información y se han convertido en multiplicadores de nuestra propuesta.

A los miembros del Poder Judicial, los magistrados, Marino Germán, Francisco Ortega, Etanislao Rodríguez, Samuel Arias, Justiniano Montero, Wendy Martínez. A sus directivos Edgar Torres Reynoso, Aileen Montilla, Jacinto Castillo, Ricardo Taveras, Ismayra Carolina Peralta de la Cruz, entre muchos otros que nos dedicaron tiempo y esfuerzo en escucharnos, compartir sus impresiones y brindarnos esperanzas.

Agradecer a Danissa Cruz Taveras por ser un ángel protector y al equipo de la Dirección de Derechos Humanos de la Procuraduría General de la República, por ser mis cómplices, en especial a Leitha Mejía, Elba Núñez, Emely Ramírez, Marcell Toribio, Shyam Fernández, Francisco Franco, entre otros.

Agradecer a los líderes de la Sociedad Civil que nos han apoyado; especialmente a Servio Tulio Castaños Guzmán, que junto a la Fundación Institucionalidad y Justicia – FINJUS- invirtieron tiempo y esfuerzo en mejorar nuestra propuesta y disponernos espacios de debate y distinción.

A la Asociación Nacional de Alguaciles Unidos – ANAU que con su oposición constructiva nos encaminaron a mejorar nuestra propuesta hasta lograr una visión holística, que tomara en cuenta a todos los Alguaciles.

Al Dr. Trajano Vidal Potentini y la Fundación Justicia y Transparencia – FJT quienes han sido soporte y asesores permanentes para que el ejercicio de los Alguaciles se profesionalice a los estándares internacionales.

A los legisladores que tuvieron la confianza y la valentía de asumir nuestra visión para lograr el cambio trascendental que aspiramos, a los honorables diputados Jean Luis Rodríguez Jiménez, José Felipe La luz Núñez, Rogelio Alfonso Genao Lanza, Graciela Fermín Nuesi, Gloria Roely Reyes Gómez y Karen Lisbeth Ricardo Corniel que firmaron la propuesta de ley sometida.

DEDICATORIA

Este libro quiero dedicárselo a los alguaciles ordinarios y los alguaciles de estrado de la República Dominicana; a ellos que tienen la crucial tarea de hacer de la justicia un hecho real, que sin respaldo institucional han arriesgado sus vidas en hacer cumplir las normas procesales, sentencias y las ejecuciones civiles; a ellos que han sido calumniados, difamados, desacreditados y a pesar de todo, siguen comprometidos con rescatar y dignificar la profesión.

También, se lo dedico a las juezas y los jueces dominicanos, para invitarles a asumir a los Alguaciles como el órgano idóneo que son, diseñado para complementar juntos la tarea de hacer justicia; comprender que los Alguaciles son el ejército propio del juez, dispuesto a dar la vida para hacer valer cada sentencia y cada una de sus decisiones judiciales.

A los jueces miembros del Consejo del Poder Judicial; en ellos descansa la responsabilidad de hacer realidad todas estas reformas propuestas, a esos cinco ciudadanos que tienen en sus manos el poder de transformar el sistema de justicia dominicano para establecer un verdadero Estado de Derecho, garantizar la dignidad humana y generar la paz social que solo es obtenida cuando la justicia es efectiva.

A nuestros senadores y diputados que determinan las pautas con las que el país avanza, a ustedes los legisladores llamados a representar al pueblo, a velar por su bienestar y establecer los mecanismos para que el Estado de Derecho sea efectivo, real y oportuno.

Muy especialmente quiero dedicárselo a la Academia Nacional de Alguaciles, Inc. - ANA; pues solo a través de la formación profesional lograremos empoderar a cada Alguacil de esta visión, para que sea asumida desde la conciencia y por su propia convicción.

INTRODUCCIÓN

Este libro pretende promover la conciencia de la necesidad de institucionalizar el rol de los alguaciles, la creación de una estructura que ejerza los mecanismos necesarios para garantizar servicios de calidad, en momentos oportunos y con todas las garantías legales, de derecho y que ejerza las medidas necesarias para el control y seguimiento de la actuación de cada alguacil.

En la búsqueda de soluciones que fuesen auto sostenibles, logramos desarrollar una propuesta armónica que no encarece el ejercicio del alguacil, ni compromete el presupuesto del Poder Judicial.

El gran reto es presentar una propuesta que armoniza nuestras características culturales, nuestras realidades limitantes y la idiosincrasia propia del dominicano, para alcanzar estándares internacionales que permitan adecuar nuestras competencias y ejercer un Estado de Derecho efectivo que fortaleza nuestra seguridad jurídica.

Con el respaldo invaluable de la Asociación Dominicana de Alguaciles, logramos estudiar a profundidad las problemáticas que afectan al rol del alguacil, desde tres ángulos distintos: primero, desde la perspectiva de los jueces, sus necesidades y debilidades que debían ser resueltas; segundo, desde la perspectiva de los ciudadano y usuarios del sistema judicial; y tercero, desde la perspectiva de los mismos alguaciles. En distintos esfuerzos regionales y nacionales, se entrevistaron y consultaron a miles de personas a lo largo de estos cuatro años.

El rol del alguacil

El alguacil es el oficial subalterno que tiene la responsabilidad de dar cumplimiento a todas las ordenanzas judiciales, las órdenes procesales que la ley expresamente le encomienda y suplir toda la asistencia necesaria para garantizar el bienestar de la solemnidad, efectividad y seguridad del ejercicio institucional del Poder Judicial.

Toda esta responsabilidad no debe ser ejercida por un individuo a título personal; es necesaria una institución que le respalde, que le brinde una infraestructura tecnológica, organizacional y administrativa para estar acorde a los tiempos y poder brindar un servicio de calidad.

Es triste reconocer, que los alguaciles ordinarios son el último tipo de empleado, que se enfrenta a condiciones anacrónicas, violatorias a los derechos fundamentales consagrados en nuestra Constitución, un sistema laboral esclavista, explotador y abusador. Los alguaciles ordinarios son los únicos empleados públicos que ejercen una labor determinada por la ley, los cuales están completamente subordinados a los jueces y al personal administrativo dentro de las secretarías de cada tribunal o centro de citaciones, a los cuales le imponen labores fuera del ambiente laboral sin proveerle de los recursos ni el equipo adecuado para cumplir con los mandatos a los cuales están subordinados; todo esto sin percibir un salario, ni estar incluidos en el Sistema Dominicano de Seguridad Social.

Esta realidad ha acumulado una deuda social que el Estado dominicano no tiene forma de enfrentar, por más de noventa años se ha perpetuado esta práctica ilegal y funesta; justo sería por lo menos, reconocer los derechos laborales a todos los empleados vigentes, para que pudieran contar con una pensión merecida al cumplir sus 25 años de ejercicio ininterrumpido. Sin embargo, dispuestos a renunciar a toda esa deuda acumulada, para detenerla de una vez y por siempre como práctica abusiva, es inminente la necesidad de asalariarlos.

Esta propuesta plantea dicha solución definitiva; al plantear la eliminación paulatina de los alguaciles ordinarios de carácter honoríficos y fomentar unos procesos académicos para que sean incluidos como alguaciles ordinarios de carrera, lo que les garantizara un salario base, incentivos, seguro médico, seguro de riesgos laborales, inclusión en los fondos de pensiones, entre muchos otros beneficios.

Problemática

Erróneamente, el alguacil ha sido colocado descriptivamente como un auxiliar de la justicia, colocándolo en un plano institucionalmente distante, indiferente a la vista de las principales autoridades institucionales. Esto tiene su origen en las distintas cooperaciones internacionales que han apoyado al Poder

Judicial en las últimas décadas; a raíz de que cada cooperación internacional ha resultado en una imposición, directa o indirectamente, de sus respectivas visiones sobre la administración de justicia y en los modelos de gestión que ellos aplican en sus respectivos países, creando una gran distorsión, pues en esos países los alguaciles dependen directamente del Poder Ejecutivo y no como en nuestro país que son dependencia del Poder Judicial.

Las imposiciones extranjeras han definido las prioridades de inversión en el presupuesto del Poder Judicial, dejando a los alguaciles completamente desprovistos de cualquier tipo de inversión, resultado esto en una crisis institucional que ha conducido al Consejo del Poder Judicial a mantener una práctica anacrónica al desproveer a los alguaciles ordinarios de un salario base, la inclusión en el Sistema de la Seguridad Social y otras obligaciones de ley.

En el mismo sentido, los alguaciles de estrado son excluidos de tener un adecuado ambiente laboral, así como las obligaciones institucionales de brindarles las herramientas de trabajo para las labores fuera de los palacios de justicia.

Las distintas olas de reforma del sistema judicial, han evolucionado positivamente, hoy el país puede celebrar la institucionalización de los jueces de carrera, los mecanismos de garantías de legalidad, la eliminación de la íntima convicción y toda una plataforma tecnológica para agilizar la efectividad del proceso judicial; sin embargo, poco se ha desarrollado en el orden de fortalecer la efectividad judicial; son innumerables las sentencias definitivas que no han podido ser ejecutadas, enredadas en múltiples procesos burocráticos o simplemente, sin mecanismos institucionales que puedan garantizar su ejecución.

¿De qué sirve una sentencia definitiva, que no pueda ser ejecutada?

En el Congreso Nacional se debaten distintas propuestas legislativas con miras a regular el otorgamiento de la fuerza pública para las ejecuciones de sentencias civiles y ordenanzas extrajudiciales de la misma naturaleza.

Sin embargo, nos hacemos los siguientes cuestionamientos: ¿Cómo es posible que se pretenda bloquear con enormes y costosos trámites burocráticos el otorgamiento de la fuerza pública? ¿En qué cambiaría quitarle las atribuciones de canal de la fuerza pública al Ministerio Público para otorgársela a un juez? ¿Qué derecho quiere garantizar el bloqueo de la fuerza pública? ¿No serán estas medidas proclives a fomentar la impunidad, la corrupción, el tráfico de influencias y otras maniobras para evitar que las ordenanzas judiciales sean ejecutadas? ¿La fuerza pública es un medio auxiliar para garantizar la efectividad y la seguridad de los actores judiciales que ejecutan o es la orden ejecutiva que determina cuál documento tiene o no tiene fuerza de ley para ser ejecutada?

En 1927, cuando la República Dominicana estaba dividida en comunas, en asentamientos y ciudades poco pobladas, las autoridades ejercían sus roles basados principalmente en sus fortalezas morales, quedando en un segundo plano las fortalezas intelectuales y académicas para el cumplimiento de cualquier función pública, sobre todo, en el ámbito judicial.

Cada juez tenía adscrita una cantidad específica de alguaciles, los cuales ejercían sus responsabilidades bajo la supervisión de ese juez; por eso, en aquella época, era tan importante respetar las delimitaciones territoriales de la competencia de cada juez y, por ende, de cada alguacil.

En los tiempos modernos, donde cada ciudad se ha convertido en una metrópolis, donde la especialización ha provocado jueces específicos en distintas áreas, generando una multiplicidad de jueces y alguaciles en cada demarcación territorial; es imposible para cada juez supervisar las actuaciones de cada alguacil que tiene adscrito.

Esta realidad demanda que los alguaciles dejen de ejercer su ministerio, como ministeriales, basado en una autoridad unipersonal, que es ejercida sin ninguna vinculación institucional y pasen a ser parte de un órgano institucional, estructurado y bien organizado para la realización de sus competencias, brindándole a la ciudadanía todas las garantías de derecho, efectividad y oportunidad en el cumplimiento de cada una de sus responsabilidades.

CAPÍTULO I

PROPUESTA LEGISLATIVA DE LA "LEY DEL ALGUACIL" QUE CREA LA DIRECCIÓN GENERAL DE ALGUACILES

Durante muchos años hemos sido testigos de las demandas de adecuación del sector de los alguaciles, las cuales han sido presentadas, debatidas e impulsadas por distintas organizaciones; sin embargo, las dudas, la ignorancia y la indolencia han ganado terreno impidiendo que sean llevadas a cabo. Por supuesto, nunca antes se había presentado una documentación explícita de las reformas solicitadas y las justificaciones que soportan la necesidad de cada uno de sus enunciados.

Nos proponemos llenar este vacío, al presentar una propuesta de reforma contenida en 105 Artículos acompañados de una exposición detallada de los razonamientos que las impulsan.

Esta propuesta cuenta con todos los avales técnicos y jurídicos para ser asumida por el Congreso Nacional y ser convertida en ley; y en tiempo oportuno para que el Consejo del Poder Judicial, utilizando las facultades otorgadas por su ley orgánica para reglamentar, emita una resolución puente estableciendo el Estatuto del Alguacil, una normativa que permita la correcta adecuación desde la situación actual hasta la que plantea esta ley; y así cubrir todos los vacíos normativos que existen y a la vez disponer de los mecanismos para que los alguaciles estén a la altura de las exigencias de esta sociedad moderna.

Este material no es solo para los jueces que tienen la alta investidura de tomar las decisiones, sino que debe ser compartido con cada alguacil para que pueda adecuar su visión personal a la nueva visión institucional, a cada abogado para que comprenda los nuevos métodos para el acceso a las atribuciones que al alguacil la ley les confiere y a la población en general para que pueda sacarle mejor provecho a cada una de estas reformas.

A continuación, presentamos el proyecto de ley sometido el 20 de noviembre del 2018 por los honorables diputados Jean Luis Rodríguez Jiménez, José Felipe La luz Núñez, Rogelio Alfonso Genao Lanza, Graciela Fermín Nuesi, Gloria Roely Reyes Gómez y Karen Lisbeth Ricardo Corniel:

Considerando Primero: Que la ley 821 del 1927 sobre organización judicial no establece las competencias, ni las limitaciones de la función del alguacil.

Considerando Segundo: Que todo el resto de la legislación dominicana solo establece atribuciones a los alguaciles y no así, ninguna normativa establece lo que es.

Considerando Tercero: Que hoy en día más de mil cien alguaciles ordinarios laboran para el Poder Judicial sin recibir salario, en una franca violación de la Constitución Dominicana en su artículo 62 sobre el derecho al trabajo.

Considerando Cuarto: Que el alguacil es un funcionario público, revestido de Fe pública, que ejerce su ministerio bajo la modalidad de intuitu personæ o bajo su autoridad personal.

Considerando Quinto: Que se hace necesario delegar la autoridad del alguacil en una institución que pueda brindar a la sociedad todas las garantías de un servicio íntegro, apegado a la ley y salvaguardando la dignidad humana.

Considerando Sexto: Que la profesión de alguacil no es ejercida de forma temporal; más del 60 % de los Alguaciles activos ostentan más de 10 años en servicio. Se hace inminente la necesidad de instituir una carrera de ejercicio profesional para ellos.

Considerando Séptimo: Que la práctica cotidiana de que los alguaciles establezcan el costo de sus servicios representa una gran barrera para el acceso a la justicia. Toda acción judicial inicia y concluye con el acto de un alguacil.

Considerando Octavo: Que la práctica cotidiana de que el alguacil reciba pagos, emolumentos o beneficio directo por su servicio público, constituye una violación a los tratados internacionales, tales como el Convenio Interamericano Contra la Corrupción y la Convención de las Naciones Unidas Contra la Corrupción.

Considerando Noveno: Que el Poder Judicial no tiene medios ni mecanismos para monitorear, ni supervisar la actuación de cada alguacil.

Considerando Décimo: Que las actuaciones del alguacil en materia civil podrían generar suficientes recursos económicos para solventar toda la carga presupuestaria de la institución que se propone.

Considerando Décimo Primero: Que el Tribunal Constitucional establece que la justicia no ha sido resarcida sino hasta el cumplimiento de la sentencia; recalcando que es obligación indelegable del Estado el hacer cumplir lo juzgado.

Considerando Décimo Segundo: Que el alguacil es la única autoridad competente para hacer cumplir lo juzgado; convirtiéndose en el órgano del Poder Judicial responsable de cumplir con el mandato constitucional de cumplir lo juzgado.

Considerando Décimo Tercero: Que los embargos y desalojos deben realizarse con todas las garantías de derecho fundamental y con acompañamiento de herramientas tecnológicas para evidenciar el correcto desempeño de todas las personas involucradas en cada ejecución civil.

Considerando Décimo Cuarto: Que, para garantizar los principios éticos del Poder Judicial como la imparcialidad, se hace necesario establecer una mediación institucional entre los usuarios y los alguaciles.

Considerando Décimo Quinto: Que el régimen tributario exige la comprobación mediante factura con comprobante fiscal de todos los servicios ofrecidos; se hace necesario un mecanismo institucional que los otorgue.

Considerando Décimo Sexto: Que deben existir consecuencias penales para las actuaciones ilegales, dolosas y fraudulentas realizadas por el alguacil.

Considerando Décimo Séptimo: Que la mora judicial es ampliamente producida por los constantes reenvíos debido a las debilidades en las notificaciones judiciales.

Considerando Décimo Octavo: Que la mayoría de las actividades fraudulentas en el sistema judicial pueden advertirse con un adecuado ejercicio de los alguaciles.

Considerando Décimo Noveno: Que el Tribunal Constitucional ha anunciado que más de cien sentencias no han podido ser ejecutadas y la Suprema Corte de Justicia no tiene mecanismos para dar seguimiento al cumplimiento de las sentencias emitidas por cada tribunal del país.

Considerando Vigésimo: Que, en todo el continente americano, el alguacil ejerce su rol mediante una institución, imperando la necesidad de adecuar al alguacil dominicano al institucionalizarlo.

Considerando Vigésimo Primero: Que la sentencia TC/0110/13 del Tribunal Constitucional exhorta al Congreso Nacional para que, en un plazo no mayor de dos años, contados a partir de la notificación de la misma, legisle sobre el modo en que el Poder Judicial ejercerá la facultad ejecutiva jurisdiccional que emana del párrafo I, del artículo 149 de la Constitución.

Considerando Vigésimo Segundo: Que la sentencia TC/0446/18 del Tribunal Constitucional establece que cuando se trata de la ejecución de decisiones o actos ejecutorios, donde está involucrado otro órgano del Estado, como el Ministerio Público, es necesario que su regulación sea conforme a una ley.

Vista: La Constitución de la República Dominicana. Votada y Proclamada por la Asamblea Nacional en fecha 13 de junio de 2015. Gaceta Oficial No. 10805 del 10 de julio de 2015.

Vista: La Convención Interamericana contra la Corrupción. Firmada el 29 de marzo del 1996. Ratificado el 8 de junio del 1999.

Vista: La Convención de las Naciones Unidas Contra la Corrupción. Firmada el 10 de diciembre de 2003. Ratificación el 26 de octubre de 2006.

Visto: El Código Civil Dominicano.

Visto: El Código de Procedimiento Civil de la República Dominicana.

Visto: El Código Penal Dominicano

Visto: El Código Procesal Penal de la República Dominicana. Promulgado el 19 de julio del año 2002.

Vista: La Ley No. 821 del 21 de noviembre de 1927, de Organización Judicial y sus modificaciones. Gaceta Oficial No. 3921

Vista: La Ley No. 41-08 de Función Pública y crea la Secretaría de Estado de Administración Pública

Vista: La Ley No. 28-11 Ley Orgánica del Consejo del Poder Judicial.

Vista: La Ley No. 25-91 del 15 de octubre de 1991, Orgánica de la Suprema Corte de Justicia y sus modificaciones.

Vista: La Ley No. 327-98, del 11 de agosto de 1998, de Carrera Judicial.

Vista: La Ley No. 46-97 del 18 de febrero de 1997, que consagra la Autonomía Presupuestaria Administrativa del Poder Legislativo y Poder Judicial.

Vista: La Ley No. 194-04 de fecha 28 de julio de 2004, sobre Autonomía Presupuestaria y Administrativa del Ministerio Público y de la Cámara de Cuentas de la República Dominicana y establece el monto presupuestario de estos y de los Poderes Legislativo y Judicial,

CAPÍTULO II

CREACIÓN DE LA
DIRECCIÓN GENERAL DE ALGUACILES

Es importante adecuar todas las normativas vigentes dentro del marco constitucional; priorizando esta normativa y desde ahí, respetando las legislaciones vinculantes, en procura de armonizar todas las dependencias estatales, las cuales deben tener sus competencias y responsabilidades claramente definidas.

Por tales razones proponemos el artículo uno:

> **ARTÍCULO 1.-** Se crea la Dirección General de Alguaciles, como órgano de apoyo del Consejo del Poder Judicial y tiene como objeto principal satisfacer la función del Poder Judicial de hacer cumplir lo juzgado, como lo establece la Constitución de la República en su artículo 149 párrafo I.

Los alguaciles tienen responsabilidades ejecutivas, muy distintas a las funciones jurisdiccionales de los jueces, por lo cual, su naturaleza, su sistema organizacional y administrativo son completamente diferentes; los alguaciles necesitan una armonía institucional propia, que les permita crear una nueva cultura laboral, una propia identidad corporativa, dinámicas organizacionales apegadas a códigos de conducta y competencias.

En el área administrativa; sus responsabilidades de brindar un servicio oportuno, competitivo, con los mejores estándares de calidad y adecuados a la oferta presentada en cada momento, no le permite introducirse dentro del esquema administrativo del Poder Judicial, pues la agilidad y el dinamismo son características muy contraproducentes con el sistema administrativo tradicional del Poder Judicial.

Por tales razones proponemos el artículo dos:

> **ARTÍCULO 2.-** La Dirección General de Alguaciles es una institución con personalidad jurídica propia, que estará bajo la dependencia del Consejo del Poder Judicial.

En el artículo ocho de nuestra Constitución queda establecida la función esencial del Estado: "La protección efectiva de los derechos de la persona, el respeto de su dignidad y la obtención de los medios que le permitan perfeccionarse de forma igualitaria, equitativa y progresiva, dentro de un marco de libertad individual y de justicia social, compatibles con el orden público, el bienestar general y los derechos de todos y todas." La cual es indelegable y permea todas y cada una de las instituciones, conminadas a velar como un solo cuerpo para este fin.

Las ordenanzas judiciales tienen fuerza de ley, convirtiéndose en norma de derecho para las partes afectas, donde el Estado tiene la responsabilidad irrenunciable de hacerlas cumplir.

Las ordenanzas judiciales están revestidas de una solemnidad especial, pues no se plantean bajo supuestos, sino, sobre hechos ciertos que la autoridad competente ordena cumplir; la cual se presume que su contradicción con cualquier otro derecho o circunstancia ha sido evaluada, ponderada y decidida por la autoridad que la emite, entonces, es obligación de todos los poderes del Estado y sus dependencias disponer de sus esfuerzos para que las ordenanzas judiciales sean cumplidas sin negación, sin obstrucción y con responsabilidad.

Por tales razones proponemos los artículos tres y cuatro:

> **ARTÍCULO 3.-** Prioridad absoluta. En el ejercicio de garantizar la Tutela Judicial Efectiva en hacer cumplir lo juzgado, por ser garantía de los Derechos Fundamentales y ordenanza expresa de la Constitución de la República, se impone prioridad absoluta a las acciones realizadas por la Dirección General de Alguaciles y sus dependencias.

> **ARTÍCULO 4.-** Obligación de cooperación. Todas las Instituciones del Estado, del Poder Legislativo, del Poder Ejecutivo o del Poder Judicial, centralizadas o descentralizadas, están obligadas a cooperar de forma eficiente y oportuna cuando sean requeridas por la Dirección General de Alguaciles para dar cumplimiento de cualquier ordenanza judicial o cumplir lo juzgado.

Es importante la coordinación dentro de los organismos que componen el Poder Judicial, entendemos que la Dirección General de Alguaciles debe tener su domicilio principal en el mismo lugar donde el Consejo del Poder Judicial defina su domicilio; esto permitirá que la ciudadanía ubique fácilmente cualquier dependencia de la misma naturaleza; aunque por razones lógicas de falta de espacios para las actividades operativas, es prudente establecer otros domicilios con las características específicas de sus necesidades.

Con el fin de brindar accesibilidad a toda la población, el plan operativo aspira a instalar 40 infraestructuras distribuidas, una sede provincial por cada una de las 31 provincias del país, y un Distrito Nacional, tomando en cuenta sus características demográficas; por la magnitud de su demografía, se requieren cinco sedes municipales en el mismo número de municipios, distribuidos en la Provincia Santo Domingo y Santiago; una sede académica con capacidad de alojar seis aulas con capacidad para 30 personas cada una, un centro académico de entrenamiento operativo, ubicado en alguna zona rural dentro de la provincia Santo Domingo y una sede central administrativa, donde alojará a los principales directivos.

Por tales razones proponemos el artículo cinco:

> **ARTÍCULO 5.- Domicilio.** La Dirección General de Alguaciles tendrá su domicilio principal en la sede principal del Poder Judicial y podrá establecer dependencias en los domicilios que lo encuentre pertinente.

La profesión de alguacil ha desarrollado el mito de que es una labor transitoria, supuestamente ejercida por estudiantes de derecho, los cuales, una vez graduados renuncian al ministerio del alguacil para dedicarse al ejercicio del derecho como abogados; sin embargo, un análisis a la nómina actual, nos muestra que más del 40 % de los alguaciles tienen más de 10 años de ejercicio profesional; lo que claramente nos deja establecido que esta es una profesión de largo plazo, donde se desarrolla el ejercicio hasta la edad de retiro.

Esta realidad nos obliga a establecer condiciones especiales para el ejercicio de esta profesión; amerita establecer la Carrera del Alguacil, donde se establezcan reglas claras para definir el ingreso, ejercicio, los ascensos y las distintas desvinculaciones; procuramos que todos los alguaciles sean producto del resultado de las consecuencias del cumplimiento de normas y procedimientos académicos, de experticia y méritos.

Por tales razones proponemos el artículo seis:

ARTÍCULO 6.- Carrera del Alguacil. Con la finalidad de optimizar los servicios dados por los alguaciles, el fortalecimiento institucional y la calidad de vida de los alguaciles se crea la Carrera del Alguacil, la cual se ejercerá a través de la autoridad de la Dirección General de Alguaciles.

Es determinante que el ejercicio de la profesión del alguacil sea estructurado por sus mismos pares; permitiendo una mejor gerencia de los recursos humanos y el fomento de mejores prácticas, un ejercicio constante de auto revisión y auto validación en procura de la excelencia como norma y práctica cotidiana.

Por tales razones proponemos el artículo siete:

ARTÍCULO 7.- Misión. La Dirección General de Alguaciles tiene como Misión principal dirigir, supervisar y administrar el ejercicio de los alguaciles; asumiendo el control de la incorporación, formación, asignación, traslado, sanción y separación de los Alguaciles.

Con la vocación de establecer dogmas basados en valores, tales como la honorabilidad, lealtad, legalidad, el respeto a los derechos fundamentales, la ética y la dignidad, es necesario vincularlos a símbolos que representen dichos valores y los mismos puedan ser asumidos con sentido de pertenencia por cada uno de sus miembros.

El satisfacer la necesidad de establecer una identidad corporativa propia, que cada alguacil pueda asumir como el símbolo moral que le representa, aspiramos a tener una identidad organizacional propia, vinculada a sus pares internacionales, pero con características nacionalistas que fortalezcan su sentido de pertenencia.

Por tales razones proponemos el artículo ocho:

> **ARTÍCULO 8.- Imagen Institucional.** La Dirección General de Alguaciles tendrá su propia imagen institucional, como símbolo: una estrella dorada de cinco puntas dentro de un círculo dorado, con la leyenda: "Dirección General de Alguaciles" en su parte superior, y "Poder Judicial" en la parte inferior, y en su centro el Escudo Nacional.

CAPÍTULO III

ATRIBUCIONES DE LA
DIRECCIÓN GENERAL DE ALGUACILES

Parte esencial de lo que implica institucionalizar, es delegar todas las responsabilidades a la institución y esta, a su vez, designa tareas específicas a cada uno de sus empleados, para que, con el ejercicio de todos como un conjunto, logren cumplir a cabalidad todos los compromisos institucionales.

Por tales razones proponemos los artículos nueve y diez:

ARTÍCULO 9.- Atribuciones. La Dirección General de Alguaciles tendrá las siguientes atribuciones:

a) Definir las políticas de nuevo ingreso a la función de alguacil.

b) Gestionar la formación de los aspirantes a la función de alguacil.

c) Gestionar la educación profesional continua y permanente de los alguaciles.

d) Diseñar, aplicar y reformar los procedimientos operativos de los alguaciles.

e)   Incorporar, trasladar, ascender y separar a todo el personal bajo su dependencia.

f)   Establecer las políticas de imagen institucional y el uso de uniformes para los alguaciles y el personal bajo su dependencia.

g)   Asignar las funciones de cada alguacil.

h)   Gestionar la asignación, traslado y suspensión de los alguaciles de cada tribunal o dependencia.

i)   Calificar a los alguaciles en función del mérito, su formación y el tiempo en ejercicio y asignar el escalafón correspondiente.

j)   Recibir, gestionar y administrar los requerimientos a los alguaciles.

k)   Mantener control y seguimiento de cada acto realizado por cada alguacil.

l)   Disponer, cuando el hecho lo amerite, a disposición del Ministerio Público, al alguacil cuando haya cometido faltas penales en el ejercicio de sus funciones.

m)   Administrar las evaluaciones y exámenes dispuestos para los aspirantes a alguacil y de los alguaciles en ejercicio.

n)   Realizar investigaciones para optimizar el ejercicio de los alguaciles.

o)   Diseñar políticas, procesos y procedimientos que mejoren constantemente los servicios del alguacil.

p)   Diseñar, administrar, difundir y proteger la imagen institucional del alguacil.

q)   Hacer acuerdos interinstitucionales de cooperación, servicios o de financiamiento con entidades públicas y privadas.

r)   Administrar los fondos financieros asignados, consignados o recaudados de las tasas por servicios prestados.

s)   Diseñar, administrar y gestionar la estructura organizacional y los protocolos de funcionamiento de la Dirección General de Alguaciles.

t)   Ofrecer todos los servicios auxiliares vinculados al rol del alguacil.

u)   Reglamentar las normativas vinculadas al rol del alguacil necesarias para el estricto cumplimiento de la Constitución, las leyes y esta resolución.

v)   Cualquier otra atribución que sea asignada mediante la ley o reglamento del Consejo de Poder Judicial.

ARTÍCULO 10.- Todos los alguaciles, los alguaciles de estrado y los alguaciles ordinarios, estarán bajo la dependencia de la Dirección General de Alguaciles y esta a su vez regirá su ejercicio.

CAPÍTULO IV

ESTRUCTURA ORGANIZACIONAL DE
LA DIRECCIÓN GENERAL DE ALGUACILES.

El Director General, debe ser una persona idónea, capaz de comprender y guiar con certeza, los ideales que esta propuesta enarbola. No solamente con sus capacidades intelectuales, académicas y de experticia; sino, que tiene que ser un referente moral entre los alguaciles.

Los requisitos plasmados en esta propuesta son de carácter enunciativo, pues sería imposible definir la idoneidad exacta sin caer en el vicio de la discriminación; lo que sí entendemos es que la renovación de esta autoridad debe ser exclusiva del personal que sea parte de la alta dirección de la plataforma que ha sido creada, procurando la continuidad de los procesos desarrollados y la consolidación de la mística laboral. Un órgano como este debe ser dirigido por expertos en la materia, alejados de intereses sectoriales de carácter empresarial, político o de cualquier otra naturaleza.

Su autoridad es ejercida de forma vertical, procurando una coordinación hegemónica que dé como resultado la sincronización efectiva entre sus actores para producir un servicio de alta calidad. La conformación del equipo gerencial queda a su discreción, permitiéndole generar una compactación e integración en la visión institucional.

Cinco años es un tiempo prudente para medir el ejercicio de la administración de la cosa pública, en el cual, de ser bien valorada su gestión, podría ser reelecto.

Por tales razones proponemos los artículos 11, 12 y 13:

ARTÍCULO 11.- La Dirección General de Alguaciles estará ejercida por un director y será elegido por el Consejo del Poder Judicial por un periodo de cinco años.

ARTÍCULO 12.- Los Requisitos para ser el director nacional de Alguaciles son:

a)   Ser dominicana o dominicano, mayor de edad.

b)   Ser licenciado o doctor en derecho.

c)   Ser alguacil de carrera y por lo menos haber alcanzado en el escalafón el rango de alguacil encargado.

d)   Haber acumulado una experiencia mínima como alguacil encargado o un rango superior, por lo menos de cinco años.

e)   Haber desempeñado cargos en la administración pública o privada que le hagan apto para el adecuado cumplimiento de sus responsabilidades.

f)   No haber sido condenado a pena aflictiva o infamante.

g)   No tener parentesco o afinidad hasta el cuarto grado con ningún miembro del Consejo del Poder Judicial, de la Suprema Corte de Justicia o del Procurador General de la República.

ARTÍCULO 13.- El director de la Dirección General de Alguaciles tiene las atribuciones de:

a) Representar legalmente a la Dirección General de Alguaciles.

b) Ejercer todas las atribuciones de la Dirección General de Alguaciles.

El diseño de la plataforma organizacional está creado para que cada departamento sirva de contrapeso, validándose mutuamente, para disminuir cualquier tipo de acción impropia de sus responsabilidades. Territorialmente no habrá una persona que dirija toda la plataforma, sino que cada departamento tendrá su autoridad territorial, debiendo coordinar y validar sus actuaciones con las autoridades de los demás departamentos. Todo esto es para disminuir la posibilidad de actos de corrupción dentro de la infraestructura organizacional.

Los distintos departamentos están divididos en dos grandes ejes, el primero: en la dinámica entre los servicios ofrecidos a los usuarios del sistema judicial, tales como el Departamento de Requerimientos, el Departamento de Operaciones y el Departamento de Registro. El segundo: en el fortalecimiento al rol del alguacil como son el Departamento de Inspectoría Nacional, el Departamento de Seguridad y Fuerza Pública, el Departamento Administrativo y la Academia Nacional de Alguaciles.

El primer eje tiene un flujograma estático, que comienza por el Departamento de Requerimiento; que es el que se encarga de tener el contacto directo con los usuarios, creando una barrera institucional entre los usuarios y los alguaciles, para garantizar la imparcialidad del ejercicio del alguacil. Luego el Departamento de Requerimiento tramita todas las solicitudes realizadas al Departamento de Operaciones, el cual, organiza el trabajo de manera estratégica, tomando en cuenta las características territoriales y el cúmulo de trabajo, para distribuir de forma equitativa la carga laboral entre todos los alguaciles.

Los alguaciles asignados en los distintos departamentos de operaciones reciben su asignación laboral a primera hora de la mañana, debiendo entregarla realizada satisfactoriamente en la mayor brevedad posible al Departamento de Registro; el cual tiene la responsabilidad de documentar digitalmente todos los trabajos realizados por los alguaciles; para completar este ciclo, el Departamento de Registro tramita al Departamento de Requerimiento el trabajo realizado, para que sea entregado finalmente al usuario que requirió el trabajo.

Este primer eje es la piedra angular para resolver todos los vicios de corrupción, mala práctica y violaciones éticas realizadas por un alguacil.

Es imposible mantener la independencia, la imparcialidad y la institucionalidad de los Alguaciles mientras estos tengan contacto directo con los usuarios; como lo establece la norma laboral "el pago genera una relación de subordinación" o dicho de forma más coloquial "quien paga, manda" y la naturaleza misma del rol del alguacil le es contraproducente a estar subordinado por el interés de una de las partes.

Es bueno señalar que el Convenio Interamericano Contra la Corrupción y la Convención de las Naciones Unidas Contra la Corrupción (CNUCC) prohíben que ningún funcionario público reciba beneficio directo por el cumplimiento de sus funciones.

El principal obstáculo para impedir el acceso a la justicia es el alto costo que implica; sin embargo, la práctica actual deja a la soberana apreciación del alguacil determinar el costo de su labor, en muchas ocasiones divorciado de la capacidad de pago del usuario o de la relación entre los gastos brutos y netos de la operación que realizará.

Es deber del Poder Judicial establecer tarifas de los servicios ofrecidos, para que ejerciten el derecho de igualdad, que garanticen el acceso a la justicia y al mismo tiempo estén acordes con la sostenibilidad económica de cada operación, en procura de crear esquemas, plataformas e infraestructuras que permitan que cada vez el servicio sea más económico, para el aumento de la capacidad de acceso, sobre todo a las poblaciones económicamente más vulnerables.

Respetando los principios del derecho laboral, es competencia de los empleadores brindar todas las herramientas y medios para que el empleado cumpla efectivamente con la labor asignada; el costo de los traslados de oficio, el medio y gasto del transporte, del material gastable y demás elementos no deben salir del pecunio del alguacil; sino que debe ser cubierto por la institución en la que labora.

El alguacil debe recibir, además de un salario base justo y competitivo, las compensaciones, incentivos, viáticos y dietas correspondientes con las labores asignadas. Cuando su asignación sea en las calles, debe tener la asignación de un medio de transporte o compensación en caso de que utilice el suyo, cubrirle gastos de combustible y mantenimiento del vehículo, entre otros gastos.

El Departamento de Operaciones debe crear un esquema de asignación laboral que permita la participación equitativa entre todos los alguaciles; repartiendo la asignación aleatoria de las rutas y la carga laboral. En los casos de notificaciones, las rutas siempre serán aleatorias, para evitar el contubernio del alguacil con cualquier parte interesada.

El Departamento de Operaciones laborará en horario nocturno, acortando el tiempo de respuesta a los usuarios.

El ciclo ordinario desde que el usuario realiza su requerimiento hasta que el trabajo es realizado y devuelto satisfactoriamente, no deberá durar más de 48 horas. En los casos de emergencia deberá realizarse todo el ciclo en menos de tres horas.

El Departamento de Registro documentará física y digitalmente todos los actos realizados por los alguaciles, tanto los realizados de manera particular, como los asignados por el Departamento de Operaciones.

El segundo eje estará compuesto por los departamentos que garantizarán que el ejercicio del alguacil se realice de manera eficiente, oportuna y con los más altos estándares de calidad.

El Departamento de Inspectoría Nacional le dará seguimiento minucioso a la actuación de cada alguacil, estableciendo mecanismos y procesos que gestionen una supervisión efectiva;

serán los encargados de investigar cuando se produzca cualquier clase de denuncia y en los juicios disciplinarios ejercerán la función de fiscal acusador.

El Departamento de Seguridad y Fuerza Pública tendrá la responsabilidad de custodiar la seguridad física de toda la infraestructura, de los equipos y bienes materiales de la institución y sobre todo preservar el bienestar de los alguaciles, del personal administrativo o auxiliar y de los usuarios en general; en los casos en que el alguacil requiera de fuerza pública para el cumplimiento de su deber, será acompañado por este personal interno conjuntamente con los demás órganos del Estado que complementan la fuerza pública.

En el caso, como aspiramos, de que los alguaciles recuperen sus atribulaciones para las ejecuciones civiles, serán acompañados exclusivamente del personal auxiliar de la Dirección General de Alguaciles, entrenados para tales fines, reduciendo los errores cometidos en estas prácticas.

El acompañamiento de herramientas tecnológicas que permitan grabar en video la actuación de todos los participantes, la utilización de uniformes y herramientas adecuadas para que la ejecución civil se realice respetando la dignidad, la legalidad y estrictamente el mandato expreso del acto ejecutorio.

La violencia, la destrucción de bienes, el robo o pérdida de objetos, la violación a las normas procesales serán parte del pasado y, en casos de excepción, serán sancionados de manera ejemplar.

El Departamento de Seguridad y Fuerza Pública tendrá enlaces y un medio de comunicación directo con las más altas autoridades de los demás organismos de seguridad del Estado, para que las labores sean coordinadas y canalizadas de forma efectiva. Esto eliminará la irrupción ilegal de personas que, abusando de su rango o función pública, pretendan evitar las actuaciones judiciales, preservando el Estado de Derecho y permitiendo que la institución a la cual pertenece se encargue de ponerle los límites a su personal sin necesidad del uso de la fuerza.

El Departamento Administrativo tendrá a su cargo suplir todas las necesidades para el desempeño de todos los departamentos.

La Academia Nacional de Alguaciles es la base fundamental para la creación de una nueva cultura laboral del alguacil y del personal de la Dirección General de Alguaciles; estableciendo la capacitación continua, un elemento transversal para todas las áreas.

Utilizando el sistema andragógico y semipresencial, aspiramos a que los empleados reciban 128 horas de docencia cada año, actualizando y desarrollando mejores prácticas, fortaleciendo las capacidades intelectuales y profesionalizando el rol del Alguacil.

Las competencias físicas de igual forma deberán estar acordes con las responsabilidades asignadas. Utilizando alianzas estratégicas con otras entidades, supliremos los entrenamientos y adiestramientos de maniobras que garanticen el deber cumplido en un ambiente seguro, saludable y confortable.

Por tales razones proponemos los artículos 14, 15, 16, 17, 18, 19, 20 y 21:

ARTÍCULO 14.- Estructura. La Dirección General de Alguaciles tendrá bajo su dependencia de forma Ordinaria siete Departamentos y de forma extraordinaria cuantos departamentos considere necesarios.

ARTÍCULO 15.- Los departamentos ordinarios son: Departamento de Requerimientos, Departamento de Operaciones, Departamento de Registro, Departamento de Inspectoría Nacional, Departamento de Seguridad y Fuerza Pública, Departamento Administrativo y Financiero y la Academia Superior de Alguaciles.

ARTÍCULO 16.- Cada departamento tendrá bajo su dependencia las divisiones, secciones y unidades que la Dirección General de Alguaciles considere necesario.

ARTÍCULO 17.- El Departamento de Requerimientos tiene las competencias y atribuciones de:

a) Gestionar la Recepción de los requerimientos de los alguaciles.

b) Gestionar el cobro de los emolumentos del alguacil.

c) Gestionar la medición de satisfacción de los usuarios que requieren el servicio de los alguaciles.

d) Procesar y enviar todas las solicitudes de requerimientos al Departamento de Operaciones para su cumplimiento.

ARTÍCULO 18.- El Departamento de Operaciones tiene las competencias y atribuciones de:

a) Coordinar de manera efectiva las asignaciones de trabajo de cada alguacil.

b)   Velar por la efectividad del ejercicio de cada alguacil.

c)   Administrar el servicio de guardián para los bienes envueltos en las ejecuciones civiles.

d)   Administrar el mercado público para subastar y vender los bienes envueltos en las ejecuciones civiles.

ARTÍCULO 19.- El Departamento de Inspectoría Nacional tiene las competencias y atribuciones de:

a)   Investigar cada denuncia en contra de la actuación del alguacil.

b)   Realizar investigaciones de control para garantizar la eficiencia de los servicios y las aplicaciones de seguridad.

c)   Supervisar que cada alguacil cumpla con las normativas y procedimientos establecidos.

ARTÍCULO 20.- El Departamento de Seguridad y Fuerza Pública tiene las competencias y atribuciones de:

a)   Gestionar y dirigir la fuerza pública cuando sea requerida por el Departamento de Operaciones.

b)   Administrar el personal militar y policial que esté a disposición de la Dirección General de Alguaciles.

c)   Gestionar y garantizar la seguridad de la Dirección Nacional de Alguaciles.

d)   Ser el enlace entre el Director General de la Policía Nacional, los comandantes de Estado Mayor, el Ministro de Defensa o cualquier otra dependencia militar o policial conjuntamente con el director de la Dirección General de Alguaciles.

ARTÍCULO 21.- El Departamento de Registro tiene las competencias y atribuciones de:

a) Gestionar el registro de todos los actos realizados por los alguaciles.

b) Custodiar la copia original de cada acto que soporta el protocolo de cada alguacil.

c) Gestionar el protocolo virtual de cada alguacil.

d) Administrar el acceso al protocolo de cada alguacil.

e) Administrar el Registro del Domicilio Judicial.

CAPÍTULO V

PARA DISMINUIR LOS DOMICILIOS DESCONOCIDOS, SE CREA EL REGISTRO NACIONAL DE DOMICILIOS JUDICIALES

En los tiempos modernos, el cambio de domicilio es una actividad recurrente, una persona promedio podría mudarse hasta cuatro veces por década; lo que implica tener más de 24 domicilios distintos en toda su vida. Las debilidades institucionales en los organismos municipales impiden que los munícipes informen o registren sus domicilios de manera certera, no existen ni incentivos ni penalidades vinculados a este tema. Sin embargo, para las garantías fundamentales en el ejercicio de los procesos judiciales, el domicilio es un factor prioritario y vinculado directamente a su derecho de defensa; en tal sentido, es imprescindible que el sistema de justicia disponga de los mecanismos alternos para poder identificar y registrar los domicilios de todas las personas involucradas en los distintos procesos judiciales.

La propuesta consiste en crear una plataforma tecnológica que permita la inscripción voluntaria de todas las personas para registrar el domicilio procesal de su elección. Este registro estará entrelazado con la plataforma tecnológica del centro de citaciones para garantizar que el domicilio registrado siempre esté incluido dentro de los traslados que sean requeridos para fines judiciales.

Este registro facilitará el contacto directo con todas las personas involucradas en los procesos judiciales, en personas que vivan en el extranjero y quieran establecer el domicilio de un familiar, de su abogado o de cualquier otro representante; evitando en gran medida el procedimiento de "domicilio desconocido" que afecta el derecho de defensa; porque la medida alterna que plantea la ley es una medida infuncional, ya que en nuestras ciudades modernas, la metrópolis, los ayuntamientos y los palacios de justicia son de los lugares menos concurridos, quedando limitada la posibilidad de que la persona notificada en el ayuntamiento o en la puerta del tribunal realmente se entere por vía de un tercero.

La ausencia involuntaria de cualesquiera de las partes involucradas en el proceso limita, debilita y retarda el procedimiento judicial.

Aunque la medida es relativamente voluntaria, con ayuda de la tecnología y la difusión masiva de la importancia de dicho registro, con el tiempo se logrará tener registro del domicilio procesal de casi todas las personas físicas y morales del país.

La propuesta incluye tener en cada palacio de justicia una estafeta donde las personas puedan registrar sus domicilios procesales, utilizando una plataforma tecnológica y geo referencial, cada persona podrá identificar con detalle su domicilio de elección; el cual, automáticamente será actualizado en el sistema para modificar los domicilios previamente registrados en procesos anteriores, presentes y futuros.

En la actualidad, la persona que toma el registro del domicilio de las personas son las secretarias de audiencia de los distintos tribunales; pero estas no cuentas con la tecnología para verificar la certeza de cada domicilio, además de que es una captura que toma tiempo, retardando los trabajos en las audiencias; para lo cual proponemos que esta captura sea realizada antes de la celebración de la audiencia y que la misma no deba ser tomada en cada audiencia celebrada; sino simplemente entrelazada con el número de cedula de identidad para personas físicas y el número de Registro Nacional del Contribuyente – RNC para las personas morales.

Este registro será gratuito, cubierto por los fondos recaudados por la Dirección General de Alguaciles y compensado con la eficientización del sistema de citaciones judiciales. Aunque otros servicios vinculados podrían tener algún tipo de tasas compensatorias, como las certificaciones, comprobaciones, entre otros.

En el derecho procesal penal, la certificación de domicilio comprobado debería ser un requisito previo para la instrumentación del proceso. Esta decisión administrativa resolvería en gran medida las condiciones que provocan los múltiples reenvíos.

El Poder Judicial, por mandato constitucional, financia por completo el proceso penal que está bajo su cargo, incluyendo las notificaciones judiciales que convocan y citan a las personas para la celebración de las audiencias. Esto que implica que las debilidades en la captura de las informaciones del domicilio de cada persona resultan en un sobrecosto, debido a los grandes esfuerzos que hacen los alguaciles para localizar dichos domicilios, que su mayoría no logran ser identificados efectivamente, produciendo retrabajos, y frustración laboral.

Es importante destacar que los requirientes siempre podrán elegir el domicilio donde prefieran que su requerido sea notificado; sin embargo, deberán incluir otro traslado correspondiente al domicilio judicial registrado para ser notificado accesoriamente, de esta forma se garantiza satisfacer las pretensiones de todas las partes.

Por tales razones proponemos el artículo 22:

ARTÍCULO 22.- Registro Nacional de Domicilios Judiciales. Bajo la dependencia de la Dirección General de Alguaciles se crea el Registro Nacional de Domicilios Judiciales.

PÁRRAFO I.- La inscripción, modificaciones y exclusión del Registro Nacional de Domicilios Judiciales se realizará sin costo, de forma gratuita y voluntaria de las personas interesadas.

PÁRRAFO II.- Las certificaciones, los distintos procesos de verificación de domicilio y los servicios adicionales del Registro Nacional de Domicilios Judiciales tendrá un costo por servicios, establecidos por la Dirección General de Alguaciles.

PÁRRAFO III.- Cuando una persona física o persona jurídica se inscribe en el Registro Nacional de Domicilios Judiciales, automáticamente cambia el domicilio procesal de todos sus procesos judiciales, presentes o futuros, debiendo ser notificado en el domicilio seleccionado; pudiendo la parte interesada notificar de forma accesoria en cualquier otro domicilio de su elección.

PÁRRAFO IV.- Es responsabilidad de cada persona mantener actualizado su domicilio judicial, podrán cambiarlo cuantas veces sea necesario; el Departamento de Registro pondrá a disposición todas las vías de acceso necesarias para que las personas puedan registrase y consultar los registros de terceros.

CAPÍTULO VI

ACADEMIA SUPERIOR DE ALGUACILES

La propuesta de la Academia Superior de Alguaciles surge a raíz de la necesidad de establecer un sistema de educación, capacitación, entrenamiento y adiestramiento de todos los alguaciles y el resto del personal dependiente de la Dirección General de Alguaciles de manera continua y permanente; procurando subsanar la deuda social y los compromisos para profesionalizar este rol.

Bajo el auspicio, supervisión y acompañamiento de la Escuela Nacional de la Judicatura, debe crearse una academia enfocada, dedica y especializada en el ejercicio del rol del alguacil, reconociendo los altos estándares de excelencia que ha evidenciado la Escuela Nacional de la Judicatura, sin embargo, este instituto de educación superior está diseñado exclusivamente para suplir las necesidades de los jueces, quienes tienen atribuciones completamente distintas a los ejercidas por los alguaciles.

Esta academia para los alguaciles debe ser un centro de investigación para diseñar mejores prácticas y competencias del personal bajo la dependencia de la Dirección General de Alguaciles.

Cumpliendo con las legislaciones vigentes que han establecido los mecanismos y procedimientos para que cada entidad de Educación Superior Especializada obtenga las autorizaciones, certificaciones y demás acreditaciones al respecto; con el respaldo de la Escuela Nacional de la Judicatura y las otras universidades legalmente establecidas; en procura de gestionar los méritos para brindar las carreras técnicas que dan soporte al ejercicio del alguacil, la Carrera de Licenciatura de Derecho y las Maestrías vinculadas a la Gestión del ejercicio del alguacil.

Por tales razones proponemos los artículos 23, 98 y 99:

ARTÍCULO 23.- La Academia Superior de Alguaciles tiene las competencias y atribuciones de:

a)   Gestionar la plataforma académica para la formación de los aspirantes a alguaciles, de los alguaciles y del personal bajo la dependencia de la Dirección General de Alguaciles.

b)   Realizar los exámenes de oposición para el ingreso a la función de alguacil.

c)   Realizar las evaluaciones anuales de competencia para los alguaciles y agentes de la Dirección Nacional de Alguaciles.

d)   Realizar alianzas estratégicas con otras instituciones académicas para mejorar las competencias de los servicios ofrecidos.

ARTÍCULO 98.- La Academia Superior de Alguaciles deberá agotar todos los procedimientos establecidos hasta conseguir el reconocimiento del Ministerio de Educación

Superior, Ciencias y Tecnología –MESCYT- como "Instituto Especializado de Estudios Superiores."

ARTÍCULO 99.- La Escuela Nacional de la Judicatura validará los programas académicos de la Academia Superior de Alguaciles, otorgando titulación conjunta de dichos programas validados hasta tanto la Academia Superior de Alguaciles no consiga la aprobación como "Instituto Especializado de Estudios Superiores" otorgada por el Ministerio de Educación Superior, Ciencia y Tecnología.

CAPÍTULO VII

DE LA ADMINISTRACIÓN

Es importante crear un sistema de administración eficiente, dinámico y proactivo, capaz de ser el motor que genere la aplicación que optimice los recursos disponibles para garantizar un servicio de alta calidad, ágil y confiable.

La experiencia estatal sobre la administración pública demuestra que solo las instituciones que tienen autonomía presupuestaria cumplen con los estándares para brindar un servicio oportuno, correspondiente a las expectativas del mercado.

La transparencia en las operaciones administrativas representa la clave de la eficiencia y la más efectiva lucha contra la corrupción. Todo esto, junto a la supervisión y auditorías de la Contraloría General del Poder Judicial, son disposiciones imprescindibles.

Al mismo tiempo es importante limitar y controlar los compromisos financieros que la Dirección General de Alguaciles pueda asumir, los cuales, nunca deben comprometer solidariamente los bienes del Poder Judicial, fuera de su competencia.

Por tales razones proponemos los artículos 24, 25, 26 y 27:

ARTÍCULO 24.- El Departamento Administrativo tiene las atribuciones de:

a)   Gestionar los recursos financieros de la Dirección Nacional de Alguaciles.

b)   Gestionar las operaciones técnicas de la Dirección General de Alguaciles.

ARTÍCULO 25.- La Dirección General de Alguaciles tendrá independencia y autonomía administrativa y presupuestaria; dispondrá de los recursos de la asignación presupuestaria de la Ley General de Presupuestos y Gastos Públicos, la asignación o aportes del consejo del Poder Judicial, del cobro de la tasa del servicio de Registro de los Actos de los Alguaciles y del cobro de las tasas por servicios ofrecidos por la Dirección General de Alguaciles.

ARTÍCULO 26.- La Contraloría General del Poder Judicial supervisará los procesos financieros de la Dirección General de Alguaciles y velará por su correcto desempeño.

ARTÍCULO 27.- Las acciones financieras de la Dirección General de Alguaciles no comprometen ante terceros el presupuesto ni el patrimonio del Poder Judicial. Cualquier financiamiento o compromiso asumido por la Dirección General de Alguaciles será enfrentado con sus propios recursos y presupuesto.

PÁRRAFO I.- El Consejo del Poder Judicial será garante solidario de la Dirección General de Alguaciles solo en los casos específicamente determinados por el Consejo del Poder Judicial.

Aunque nuestra propuesta es completamente auto suficiente, sin alterar los costos actuales de los emolumentos que cobran los alguaciles, es importante contar con el respaldo económico que disponga la Ley General de Presupuesto Nacional y Gastos Públicos con el fin de cubrir los gastos fijos y reducir el costo de los servicios para garantizar mayor accesibilidad de las personas económicamente vulnerables.

Los aportes económicos directos de los que pueda disponer el Consejo del Poder Judicial para la Dirección General de Alguaciles complementan los esfuerzos conjuntos estratégicamente diseñados para mejorar íntegramente todo el sistema judicial.

Los servicios canalizados por la Dirección General de Alguaciles tendrán tarifas fijas, comprobantes de pago con número de comprobante fiscal y dispondrán de varios medios de pago para facilitar la accesibilidad. Esos ingresos estarán distribuidos para garantizar que todos los elementos fundamentales sean tomados en cuenta, principalmente la redistribución de los alguaciles actuantes.

Los demás servicios auxiliares ofrecidos por la Dirección General de Alguaciles dispondrán de un esquema versátil para adecuar cada costo a las características propias de cada servicio.

Por tales razones proponemos los artículos 28, 29, 30, 31 y 32:

> **ARTÍCULO 28.-** La Dirección General de Alguaciles ofrecerá los servicios de los alguaciles y fijará las tarifas de los costos por los servicios ofrecidos por los alguaciles.

ARTÍCULO 29.- Todos los servicios ofrecidos por la Dirección Nacional de Alguaciles quedarán exentos de todo tipo de impuestos.

ARTÍCULO 30.- La Dirección Nacional de Alguaciles estará exenta de todos los tributos, impuestos, tasas, contribuciones especiales, de carácter nacional o municipal, vigentes y futuros.

PÁRRAFO I.- Cuando la Dirección Nacional de Alguaciles por cualquier razón pagare algún monto por los conceptos exentos, la Dirección General de Impuestos Internos o la institución que cobrará dicho monto, deberá retornarlo en un plazo no mayor de 90 días de dicho pago.

PÁRRAFO II.- Cuando la Dirección General de Impuestos Internos o Cualquier otra dependencia del Estado ignorase el párrafo anterior, la Dirección Nacional de Alguaciles podrá solicitar el reconocimiento de la deuda al tribunal correspondiente y procederá la demanda en cobro de pesos.

ARTÍCULO 31.- La Dirección General de Alguaciles distribuirá cada ingreso recaudado por concepto de servicios del alguacil de la manera siguiente:

a)   Un sesenta y cinco por ciento (65 %) para cubrir los costos de la Dirección General de Alguaciles.

b)   Un veinte y cinco por ciento (25 %) para cubrir los costos de los alguaciles como salarios, incentivos, bonos, equipamientos, gastos de ley (AFP, ARL, etc.), pasivo laboral, contrapartida institucional, entre otros beneficios.

c)   Un diez por ciento (10 %) para la capacitación de los alguaciles y el personal de la Dirección General de Alguaciles.

ARTÍCULO 32.- La Dirección General de Alguaciles ofrecerá y fijará los precios de servicios auxiliares como:

a)   Uso de Camión o de Grúa;

b)   Uso de Depósito o Almacén;

c)   Personal utilitario para el movimiento de los mobiliarios incautados, embargados o desalojados;

d)   Las dietas y viáticos del personal de fuerza pública;

e)   Uso del guardián o custodia temporal de bienes vinculados a las ejecuciones civiles;

f)   Cualquier otro servicio necesario para el correcto ejercicio de las ejecuciones del alguacil.

Cada departamento judicial, en la jurisdicción penal, contempla dentro de la estructura de su secretaría, una unidad de Citaciones, Notificación y Comunicaciones Judiciales para los trámites de los actos de oficio requeridos para los procesos establecidos en el Código Procesal Penal; sin embargo, estas asignaciones desnaturalizan el esquema laboral de las secretarías y generan conflictos de competencia y de jerarquía, considerando que no existe ninguna normativa legislativa que establezca una subordinación directa del alguacil con la secretaría del tribunal. Cada uno tiene sus atribuciones y responsabilidades específicas, donde cohabitan en espacio, pero no tiene vinculación directa entre sí.

Por otra parte, la atribución dada a la secretaría del tribunal para citar vía telefónica fue dispuesta bajo una óptica miope y desfasada; evidenciando que dicha atribución ha sido delegada a un personal de menor categoría, pero sin las herramientas necesarias para darle certeza y evidencia tecnológica.

Propone la creación de un gran centro de llamadas (call center), que tenga un personal altamente entrenado, un equipo tecnológico que haga registro de todas las llamadas grabadas en audios y disponga de herramientas para facilitar el contacto con la persona requerida. Será documentada detalladamente cada llamada para brindar certeza y una evidencia tecnológica científicamente comprobable. Además, que mejoraría la eficiencia; pues un solo grupo de 45 personas supliría la necesidad de todo el país.

La administración de los actos de oficio es una relación directa entre el alguacil y el órgano que rige, en tal sentido, debe ser la Dirección General de Alguaciles que ostente todas competencias vinculadas a los actos de oficio.

Transparentando la inversión que el Poder Judicial dedica a cada acto de oficio requerido, establecemos en un monto de RD$200.00, tomando en cuenta los gastos en infraestructura, material gastable, equipos de oficina, mobiliario, personal administrativo, viático dado a cada alguacil de RD$70.00, entre otros gastos misceláneos. Con el ánimo de no aumentar ningún costo operacional que afecte la carga presupuestaria del Poder Judicial, definimos la necesidad de que cada acto de oficio sea cubierto con un aporte de RD$200.00 por cada acto de oficio requerido en favor de la Dirección General de Alguaciles.

El costo del registro es una obligación accesoria de todos los actos realizados para sostener el control y garantizar la institucionalidad en cada actuación de cualquier alguacil; debiendo ser asumido por el Poder Judicial y pagado según la tasa vigente a la Dirección General de Alguaciles.

Por tales razones proponemos los artículos 33, 34, 35 y 36:

ARTÍCULO 33.- Se transfieren todas las atribuciones, responsabilidades y obligaciones de los Centros de Citaciones, Notificaciones y Comunicaciones Judiciales a la tutela de la Dirección General de Alguaciles.

ARTÍCULO 34.- Las notificaciones que citan a fecha fija podrán ser notificadas a través de la notificación convencional, notificación telefónica, la notificación electrónica, la notificación por correo electrónico, entre otras plataformas tecnológicas.

PÁRRAFO I.- La Dirección General de Alguaciles debe asegurar que las notificaciones se hagan a la brevedad y ajustadas a los siguientes principios:

a) Que transmitan con claridad, precisión y en forma completa el contenido de la resolución o de la actividad requerida y las condiciones o plazos para su cumplimiento;

b) Que contengan los elementos necesarios para asegurar la defensa y el ejercicio de los derechos y facultades de las partes;

c) Que adviertan suficientemente a las partes, según el caso, cuando el ejercicio de un derecho esté sujeto a plazo o condición.

ARTÍCULO 35.- Notificaciones de Oficio. Las notificaciones de oficio estarán a cargo de la institución que las requiera, sea el Consejo del Poder Judicial o la Procuraduría General de República, debiendo aportar su costo y el costo del registro correspondiente a cada acto a la Dirección General de Alguaciles.

PÁRRAFO I.- Cada requerimiento para las notificaciones de oficio deberá realizarse a través de los procedimientos y medios establecidos por la Dirección General de Alguaciles.

PÁRRAFO II.- La Dirección General de Alguaciles establecerá un costo especial para los actos de oficio.

ARTÍCULO 36.- Las notificaciones de oficio requeridas se contabilizarán mes a mes, debiendo la Dirección General de Alguaciles facturar el monto global correspondiente a la totalidad de notificaciones requeridas en dicho periodo; estableciendo un periodo de gracia de treinta (30) días calendario para ser pagadas y saldadas.

PÁRRAFO I.- La violación al plazo otorgado para el pago y saldo de cada factura producirá compromisos de recargo, intereses y mora.

La institucionalidad comienza por la casa, los primeros que deben confiar en la efectividad del sistema y utilizar las plataformas creadas para los fines, son los jueces; quienes deben moldear la cultura de utilizar y comisionar expresamente los alguaciles de su confianza, vulnerando los derechos de los demás alguaciles que no gozan de tal privilegio.

En la práctica, los actos comisionados tienden a ser mucho más costosos que los ordinarios, llegando en ocasiones al cobro de emolumentos exorbitantes, en un evidente abuso de autoridad basado en la exclusividad de acción que le otorga la comisión expresa.

Para garantizar el derecho de igualdad y el derecho al debido proceso, los jueces deben comisionar a la Dirección General de Alguaciles, para que junto a toda su plataforma gestione el servicio a un menor costo y con los más altos estándares de calidad.

Por tales razones proponemos el artículo 37:

ARTÍCULO 37.- Se instruye a todos los jueces y autoridades judiciales a comisionar a la Dirección General de Alguaciles para los actos que comisionen al alguacil para una laborar específica, la dirección procederá a la designación y ejecución de dicha labor

PÁRRAFO I.- La Dirección General de Alguaciles establecerá los costos y procedimientos para las actuaciones comisionadas.

CAPÍTULO VIII

DE LOS ALGUACILES

El alguacil es un actor imprescindible para el ejercicio de la justicia; no existe ningún sistema judicial en el mundo donde la figura del alguacil no esté contemplada. Con diversos nombres como alguacil, bayle, bailío, curial, policía judicial, sheriff, US Marshal, ministerial, entre otros nombres; todos ejercen la misma función y son el eje central de las ejecuciones judiciales.

En nuestro país, existe un vacío legislativo impresionante con relación al alguacil, no existe un texto jurídico que defina legalmente lo que es un alguacil.

Podemos encontrar en nuestra legislación atribuciones establecidas al alguacil, su código de vestimenta, procedimientos en los que participa, limitaciones del número de alguaciles por cada tribunal; pero nada que lo defina ni que norme todas sus competencias. Es por eso, que se hace imperante que podamos establecer, ¿qué es un alguacil? ¿Cómo se ingresa? ¿Cuáles son sus límites? ¿Cuál es su régimen disciplinario? ¿Cómo debe operar un alguacil? ¿Quién debe velar por su correcto desempeño? Entre otras interrogantes de vital importancia.

Por aberrante que parezca, en nuestro país existe en la práctica un modelo anacrónico de empleados, sí, me estoy refiriendo a los alguaciles ordinarios quienes no reciben salario, por ende, quedan excluido de la seguridad social y todos sus beneficios quedando en un limbo jurídico sobre las obligaciones de su empleador. Sin lugar a dudas, el alguacil ordinario es un empleado del Poder Judicial para quien existe un contrato de trabajo según establece el artículo 1 del Código de Trabajo de la República Dominicana cuando establece que: *"El contrato de trabajo es aquel por el cual una persona se obliga, mediante una retribución, a prestar un servicio personal a otra, bajo la dependencia y dirección inmediata o delegada de esta."*

Esta propuesta subsana ese mal histórico, estableciendo un salario fijo para cada uno de los alguaciles ordinarios e incluyendole en la seguridad social como establece la ley.

En los tiempos actuales las denominaciones de alguacil de estrado y los alguaciles ordinarios no tienen ningún sentido de ser; en virtud de que ambos tienen iguales atribuciones y competencias, por lo cual, esas denominaciones deben ser suprimidas y establecer una única denominación de alguacil.

El alguacil como oficial subalterno del Poder Judicial debe tener las mismas inhibiciones e incompatibilidades que sus oficiales superiores, los jueces, para mantener los principios éticos del Poder Judicial.

Por tales razones proponemos los artículos 38, 39, 40, 41, 42 y 43:

ARTÍCULO 38.- Del Alguacil. El Alguacil es el oficial subalterno del Poder Judicial, el único funcionario del Poder

Judicial que tiene la responsabilidad exclusiva y pragmática de ejecutar todas las ordenanzas judiciales, hacer cumplir lo juzgado y las disposiciones de procedimiento que establecen la Constitución y las leyes.

PÁRRAFO I.- Se establece como ordenanzas judiciales a toda sentencia, auto, título ejecutorio, acto, acta, oficio o documento con mandato expreso y que goce de fuerza ejecutoria según la Constitución, las leyes y los acuerdos entre las personas legalmente avalados.

ARTÍCULO 39.- Las denominaciones de alguacil de estrado y alguacil ordinario serán suprimidas y en lo adelante todos serán alguacil; los cuales tendrán competencia en todo el territorio nacional y estarán habilitados para realizar toda función que se les asignes dentro de sus competencias.

ARTÍCULO 40.- Salarios. Todos los alguaciles serán asalariados por la Dirección General de Alguaciles y obtendrán todos los beneficios de ley y de la seguridad social.

PÁRRAFO I.- La Dirección General de Alguaciles establecerá una escala salarial para todo su personal.

ARTÍCULO 41.- Inhibiciones. El alguacil podrá inhibirse de ejercer su función cuando en él concurra cualquiera de las causas de la recusación previstas para los jueces o cuando una razón o motivo personal se constituya en un conflicto que pueda limitar su independencia o su imparcialidad o bien pueda comprometer un criterio que él defienda.

ARTÍCULO 42.- Incompatibilidad. El ejercicio de la función de alguacil tiene las mismas incompatibilidades establecidas por los jueces.

ARTÍCULO 43.- Exclusividad. Todas las notificaciones procesales que se pretendan hacer valer en justicia deberán ser realizadas por un alguacil; se prohíbe a todas las demás instituciones del Estado la realización de notificadores particulares.

Con el interés de adecuar todos los aspectos del ejercicio del alguacil a las normativas constitucionales vigentes, tenemos a bien destacar la violación a la integridad personal de los alguaciles, toda vez que es conminado a establecer todos sus datos personales en cada uno de sus actos, poniéndoles en estado de vulnerabilidad e inseguridad a ellos y sus familias; en tal sentido la Constitución protege la confidencialidad de estos datos personales en su artículo 70, sobre el Habeas Data.

Es necesario, amparado en la Constitución y su mandato expreso de las garantías de los derechos fundamentales el modificar y suplir los medios para proteger el derecho fundamental consagrado en el artículo 44 de la Constitución Dominicana sobre el derecho a la intimidad y el honor personal, para lo cual ordena suprimir dichas informaciones y sustituirlas por otras que cumplan el mismo objeto de identificar inconfundiblemente al alguacil actuante y establecer los medios de cómo localizarlo.

Por tales razones proponemos el artículo 44:

ARTÍCULO 44.- Habeas Data y las Generales Procesales del Alguacil. Para consagrar y respetar el derecho fundamental establecido por la Constitución en el artículo 44 sobre el Derecho a la Intimidad y el Honor Personal, y la Garantía de los Derechos Fundamentales establecido en el artículo 70 sobre el Habeas Data se le instruye a todos los alguaciles a variar sus generales en cada uno de sus actos basado en las especificaciones siguientes:

a) Sustituirán su nombre completo por su primer nombre y primer apellido;

b) Sustituirán su número de cédula de identidad y electoral por el numero único asignado por la Dirección General de Alguaciles como matrícula de alguacil;

c) Sustituirán su domicilio personal por el domicilio del tribunal o dependencia a la que se encuentre adscrito; y

d) Sustituirán su número de teléfono personal por el número telefónico establecido por la Dirección General de Alguaciles para tales fines.

El sello del alguacil es la herramienta utilizada para brindar autenticidad a los actos firmados por el alguacil.

Esta herramienta con los años ha perdido en gran medida su efectividad, al mantener sus características estáticas y al permitir su confección en manos de terceros; facilitando el acceso de esta herramienta a cualquier individuo. Para restaurar el efecto para el cual está creado, hay que implementar otras medidas de seguridad que devuelvan el carácter de autenticidad que da su razón de uso.

Estas medidas son el uso de una tinta especialmente confeccionada que impregne un tono de color distinto al habitualmente comercializado en el país; el uso de químicos especiales que le brinde características de seguridad a la tinta visible con lámpara negra o al efectuarse fotocopias; la confección exclusiva de la Dirección General de Alguaciles, utilizando tecnología láser para confección de la goma con características de detalles imposibles de copiar con la tecnología convencional; perseguir ejemplarmente como lo establece el Código Penal dominicano a los infractores que osen falsificar o confeccionar dicha herramienta con motivos fraudulentos; y finalmente una custodia rigurosa del sello de cada alguacil.

Por tales razones proponemos el artículo 45:

> **ARTÍCULO 45.-** El Sello del Alguacil. El sello gomígrafo que cada alguacil utilizará en sus actos será diseñado y suministrado exclusivamente por la Dirección General de Alguaciles; quedando completamente prohibido el diseño, confección o fabricación particular.

> **PÁRRAFO I.-** El diseño, confección o fabricación del Sello del Alguacil sin la autorización expresa de la Dirección General de Alguaciles, se reputa como tentativa de usurpación de la función de alguacil.

En procura de sostener la solemnidad de los actos de cada alguacil, se hace imperante plasmar un juramento que tradicionalmente quedaba implícito, sin embargo, la falta de su pronunciamiento exonera penalmente al alguacil la violación de perjurio cuando comete la falta grave de documentar en sus actos hechos carentes de veracidad, distorsionando el objeto mismo de su naturaleza y agravando la credibilidad de toda su profesión.

Para poder completar los elementos que procuran fortalecer la credibilidad otorgada por la ley; es necesario definir el juramento que cada alguacil debe plasmar al final de cada uno de sus actos y anterior a su firma; procurando transversalidad y la unificación del modelo procesal.

Por tales razones proponemos el artículo 46:

> **ARTÍCULO 46.**- Juramento del Alguacil. Cada documento que el alguacil firmare bajo fe pública rezará en el último párrafo antes de su firma de la manera siguiente: *"Juro ante Dios y la Patria, en el amparo de la fe pública otorgada por el Estado y actuando en nombre de la República Dominicana, que todo lo plasmado en este documento obedece a la estricta verdad, la cual certifico y doy Fe con mi firma y sello."*

La vestimenta tiene un objeto más allá de cubrirnos la piel, nos ayuda a transmitir una gran cantidad de mensajes con cada uno de sus detalles u omisiones. En el aspecto laboral, el código de vestimenta juega una función esencial para identificarse, para expresar la simbología de las funciones que desempeña, también, para colaborar para que el ambiente laboral sea más confortable y como herramienta de trabajo.

La ley 821 del año 1927 establece una vestimenta específica para los alguaciles para cuando ejercen su función en el estrado, sin embargo, se hace necesario complementar esa vestimenta con otros elementos que expresen la solemnidad del cargo y optimicen los beneficios de una adecuada función. En el mismo sentido, es necesario establecer normas de vestimenta adecuadas para cada una de las funciones que ejerce el alguacil más allá del estrado, definir todo un código de vestimenta que fortalezca la imagen institucional.

Los alguaciles deben ser dotados de todos los equipos, armamentos y herramientas que les garanticen una alta efectividad en sus responsabilidades. Es imperante que antes de cada asignación, los alguaciles o demás empleados reciban el entrenamiento adecuado que procure el uso correcto, las medidas de seguridad necesarias, el mantenimiento, la preservación, y los posibles riesgos por el uso inapropiado.

Por tales razones proponemos los artículos 47 y 48:

ARTÍCULO 47.- Código de Vestimenta. El alguacil tendrá un código de vestimenta o uniforme establecido por la Dirección General de Alguaciles, según la labor que esté desempeñando.

ARTÍCULO 48.- Los alguaciles podrán utilizar distintos equipamientos y armamentos para el cumplimiento de su función y salvaguardar la vida de ellos mismos y de los demás; los cuales serán propiedad de la Dirección General de Alguaciles y asignadas bajo registro expreso. Previo a su asignación, el alguacil debe aprobar una capacitación especializada sobre su manejo, impartido por la Academia Superior de Alguaciles.

CAPÍTULO IX

EL REGISTRO DOCUMENTAL DEL EJERCICIO DE LOS ALGUACILES COMO MECANISMO DE CONTROL Y DE RECAUDACIÓN PARA LA AUTOSOSTENIBILIDAD FINANCIERA

Es imperante que cada empleado reporte a su empleador el resultado de los trabajos que desempeña dentro de sus funciones; los alguaciles no deberían ser la excepción. Con la vocación de mantener en funcionamiento el sistema judicial, debemos buscar mecanismos que no limiten las capacidades actuales, hasta tanto podamos adiestrar y desarrollar nuevas capacidades y talentos.

Establecemos un nuevo método para el registro del protocolo de cada alguacil, permitiendo un seguimiento en ciclos cortos, de dos semanas y fijando un costo razonable para que pueda ser asumido por el alguacil sin transferirlo al usuario final.

Esto obligará al alguacil a registrar cada uno de sus actos en un plazo no menor de dos semanas, después de haberlo realizado; utilizando el acompañamiento de herramientas tecnológicas que permitan que el registro sea digital, facilitando el análisis de datos y la evaluación de desempeño sobre sus responsabilidades al notificar. Preguntas como: ¿Cuántas notificaciones se hacen en la República Dominicana cada año? ¿Cuántas notificaciones hacen los alguaciles en promedio, mes a mes? ¿Cuántos alguaciles necesita el país? ¿Cuánto es el ingreso bruto de cada alguacil? Ya no serán interrogantes sin respuestas.

Por otra parte, este registro, evitará y disminuirá los actos en el aire o prefabricados, así como otros actos fraudulentos, toda vez que el alguacil se verá obligado a registrar sus actos bajo estricto orden cronológico, restringiendo la vieja práctica de crear actos con fechas viejas, violando con ello, todo el objeto de la profesión del alguacil.

Con respecto a la auto sostenibilidad financiera de esta reforma y la implementación de las infraestructuras físicas, organizaciones y tecnológicas que promovemos; el registro es la fuente primaria de ingresos, al establecer un costo de RD$ 300.00 pesos, con el cual se cubrirá como prioridad el salario base de todos los alguaciles ordinarios, generando un superávit con el cual gestionaremos toda la inversión de infraestructuras.

Estimamos que cada año se realizan siete millones de actos de alguacil; sin embargo, hacemos una proyección mínima, basada en que cada alguacil realiza en promedio 70 actos mensuales; lo suficiente para que, a través del dinero recaudado por los registros, se cubra su salario base digno, los pasivos laborales para su inclusión en la seguridad social y aún quedarían fondos suficientes para cubrir todos los gastos de la infraestructura y organización.

La plataforma de registro inicialmente operará rudimentariamente, de forma manual y mecánica; permitiendo la inclusión de tecnologías que paso a paso concluyan con un registro digital, que permita el escaneo de cada acto, vinculado a una aplicación móvil que registre en tiempo real y con ubicación geo-referencial (GPS), para brindar una mayor certeza al ejercicio del alguacil.

Primera fase; iniciaremos utilizando dos libros récord especialmente confeccionados, para asentar manualmente cada traslado realizado por el alguacil; conteniendo el número del acto, la fecha, los requirientes, el requerido y el concepto del acto en cuestión.

Estos dos libros deberán coincidir exactamente uno con el otro, por lo cual serán asentados de forma conjunta por la misma persona, sin embargo, uno de estos libros será custodiado por el alguacil actuante y el otro libro será custodiado por el Departamento de Registro de la Dirección General de Alguaciles, a disposición de cualquier órgano judicial competente.

En una segunda fase, vamos a automatizar el pago del registro, utilizando sistemas electrónicos para realizar el cobro desde la cuenta de nómina y la tarjeta de débito; esto permitirá una mayor transparencia y una mayor eficiencia en la plataforma de seguridad, debido a que los pagos electrónicos dejan rastros documentales que permiten cruzar la información y validar con certeza cualquier operación. Tomando en cuenta que el registro de cada acto queda a cargo del mismo alguacil actuante, el uso de efectivo queda reservado para casos de emergencia.

En una tercera fase, comenzamos a digitalizar cada acto de forma íntegra, escaneándolo al momento de su registro, y asignándole un número único a cada acto que permita introducirlo en una plataforma web dinámica para poder ser visualizado a través del internet, permitiendo subsanar cualquier vicio de ilegalidad por modificación del acto o por su deterioro. Cualquier tribunal podrá, a la distancia de un clic, visualizar el documento original de manera virtual.

En una cuarta fase, utilizamos una aplicación móvil, descargable en cualquier celular inteligente, para ser utilizada al momento exacto que el alguacil realiza el acto, quedando registrada conjuntamente la ubicación geo referenciada, utilizando tecnología GPS; la hora exacta de su ejecución y hasta imágenes captadas en dicho momento que pudieran ser utilizadas para edificar al tribunal sobre la persona que recibe el acto, su documento de identidad, el domicilio del lugar, las características y elementos en cuestión, que el alguacil entienda importante destacar.

Al completarse las cuatro fases de implementación del sistema de registro, será imposible realizar actos en el aire o de fecha incierta.

Por tales razones proponemos los artículos 49 y 50:

> **ARTÍCULO 49.- Protocolo del Alguacil.** Cada alguacil debe registrar cada uno de los actos que realice a través del Departamento de Registro de la Dirección General de Alguaciles, para la elaboración de su Protocolo Digital.
>
> **PÁRRAFO I.-** La Dirección General de Alguaciles establecerá el costo de este servicio por cada acto registrado y los plazos en lo que deben efectuarse.
>
> **PÁRRAFO II.-** Todos los actos deben ser registrados dentro del primer plazo establecido; los actos que se registren

posteriores a este plazo deberán pagar una penalidad adicional del duplo del costo para su registro; los actos que sobrepasen el segundo plazo establecido no serán admisibles por el Departamento de Registro.

PÁRRAFO III.- Todo acto que no esté registrado se considerará irregular, sin efecto jurídico y nulo de pleno derecho.

ARTÍCULO 50.- Todos los actos realizados por el alguacil quedarán exentos del procedimiento de registro por ante el Registro Civil en los ayuntamientos; el registro realizado por la Dirección General de Alguaciles suplirá todos los efectos en su lugar.

CAPÍTULO X

DEL INGRESO, EVALUACIONES DE DESEMPEÑO Y EL CESE DE LA CARRERA DE ALGUACIL

Con la vocación de recuperar todas las atribuciones del alguacil que han sido delegadas a otros actores del sistema y asumir responsabilidades que coloquen en igualdad de competencia con los demás alguaciles del continente americano, es necesario elevar su perfil profesional, reforzando los requisitos de ingreso a la función de alguacil, seleccionando talentos idóneos que estén en la capacidad de desarrollarse dentro de la Carrera del Alguacil.

Desde el año 1927 se estableció que para el ingreso a la función de alguacil debían ser por lo menos estudiantes de la licenciatura de derecho; poniendo en contexto, en esa época, la población en general apenas llegaba a un cuarto de primaria y el acceso a las universidades era el privilegio de una élite social, no solo por el factor económico, sino porque era imprescindible la presentación de ciertas credenciales que le permitieran el ingreso.

De igual forma, el requerimiento de que sean estudiantes de derecho es con la vocación de que en el futuro la función del alguacil sea ejercida por un profesional del derecho, en tal sentido se hace necesaria la adecuación para exigir que los futuros alguaciles hayan concluido dichos estudios.

La inclusión de un curso básico para aspirar y ser parte del banco de elegibles permite que los nuevos aspirantes estén empoderados de las responsabilidades y funciones a desempeñar; este sería un curso impartido por la Academia Superior de Alguaciles, disponible para todo público que aspire ingresar a la Carrera del Alguacil o bien quiera fortalecer sus conocimientos. Para que sea sostenible este tipo de apertura, el costo de la capacitación deberá ser cubierta por el aspirante. Otro elemento muy importante es que los aspirantes recibirán una preparación previa a su examen de oposición, el cual determinará quién ingresa a la Carrera de Alguacil.

El examen de oposición es la herramienta más efectiva y justa para que la institución pueda seleccionar a los mejores talentos humanos, dejando atrás cualquier práctica que pudiera ser o parece tráfico de influencias.

Por tales razones proponemos el artículo 51:

ARTÍCULO 51.- Requisitos para ser Alguacil. Los requisitos para ser alguacil son:

a) Ser dominicana o dominicano, mayor de edad;

b) Hallarse en pleno ejercicio de sus derechos civiles y políticos;

c) Haber obtenido el título universitario de grado, licenciatura o su equivalente, preferiblemente en derecho; por situaciones especiales también se admitirá a estudiantes de la carrera de derecho, los cuales deberán concluirla en el plazo que le sea fijado por la Dirección General de Alguaciles.

d)   Haber aprobado el Curso de Formación Básico para Alguaciles impartido por la Academia Superior de Alguaciles.

e)   Obtener una de las plazas disponibles a través de los exámenes de oposición.

El cese de la función del alguacil debe ser el resultado de una concesión de hechos que fortalezcan la estabilidad de los empleados y eviten cualquier tipo de abuso de poder o violación a los derechos adquiridos.

La renuncia voluntaria es el primer elemento del cese de las funciones del alguacil, ya que nadie puede estar obligado a ejercer una profesión que no desea, sin embargo, debe existir un procedimiento que le permita a la institución cubrir la plaza cesante sin que afecte ni vulnere los derechos de los usuarios del sistema de justicia; en tal sentido la renuncia es efectiva una vez es aprobada por el Director General de Alguaciles y el alguacil renunciante es relevado de sus funciones por otro colega.

La desvinculación de la institución es el cese producido por la conveniencia y el acuerdo voluntario de ambas partes. Esta situación especial le garantiza al empleado percibir todas sus prestaciones correspondientes a sus derechos adquiridos.

La destitución es resultado de un juicio disciplinario, correspondiente a las faltas graves establecidas en el Reglamento Disciplinario y el debido proceso establecido en el Reglamento Procesal Disciplinario.

La pensión es el beneficio de jubilación que recibe el alguacil al completar las condiciones establecidas en la Ley de Seguridad Social vigente.

La muerte; cada alguacil debe contar con un seguro de vida, en el entendido de que es una profesión de alto riesgo.

Por tales razones proponemos el artículo 52:

ARTÍCULO 52.- La Condición de alguacil o agente se pierde por:

a)   la renuncia,

b)   la desvinculación,

c)   la destitución,

d)   la pensión y

e)   la muerte.

Para promover y mantener los estándares de alta calidad es necesario establecer evaluaciones de desempeño periódicamente.

Este mecanismo de validación de actitudes y aptitudes a través de evaluaciones escritas, orales y físicas permitirá establecer un procedimiento de autoevaluación y autodepuración.

Por tales razones proponemos los artículos 53, 54 y 55:

ARTÍCULO 53.- La Dirección General de Alguaciles establecerá las plazas necesarias de los alguaciles y llamará a concurso de oposición a los aspirantes a alguacil para el nuevo ingreso según los mejores puntajes obtenidos.

ARTÍCULO 54.- El Examen de Oposición evaluará las condiciones físicas, mentales, intelectuales y académicas, mediante exámenes físico, oral, escrito y documental.

ARTÍCULO 55.- La Dirección General de Alguaciles realizará la "Evaluación Anual de Competencias" a cada alguacil y agente a través de la Academia Superior de Alguaciles, la cual evaluará las condiciones físicas, mentales, intelectuales y académicas realizando evaluaciones físicas, orales, escritas y documentales; los alguaciles y agentes que no logren superar la puntuación de setenta sobre cien (70/100) en promedio de todas las evaluaciones serán destituidos de manera automática y separados de la institución por ser declarados no competentes para las funciones de alguacil o de agente.

PÁRRAFO I.- Los alguaciles y los agentes que no logren superar la Evaluación Anual de Competencias tendrán la oportunidad en un plazo de cinco días laborables luego de ser notificados de su evaluación desfavorable de solicitar una nueva evaluación de reconsideración; que se llevara a cabo en los dos meses posteriores a su evaluación ordinaria.

PÁRRAFO II.- Los Alguaciles y los Agentes que apelen a la evaluación de reconsideración estarán suspendidos de sus funciones sin disfrute de sueldo ni beneficios, hasta su próxima evaluación. Si no lograsen nueva vez superar favorablemente el promedio de las evaluaciones no podrán optar por una nueva reconsideración y serán destituidos de forma automática y separados de la institución por ser declarados no competentes para las funciones de alguacil o de agente.

PÁRRAFO III.- Los alguaciles y agentes que logren superar las evaluaciones de reconsideración serán reintegrados en sus funciones; sin recuperación de los salarios ni beneficios dejados de percibir mientras estarían suspendidos.

CAPÍTULO XI

EL ESCALAFÓN DEL ALGUACIL

Como con toda carrera profesional es importante establecer distintos niveles de reconocimiento para destacar los esfuerzos meritorios, la evolución académica, la dedicación en el desempeño de sus funciones, entre otros elementos a valorar proponemos el escalafón del alguacil.

Esta mecánica permitirá una mejor organización institucional, definiendo competencias y responsabilidades acorde con el nivel de reconocimiento adquirido.

El resto de los empleados de la Dirección General de Alguaciles tendrán la denominación de agentes, los cuales tendrán un escalafón similar acorde con la necesidad organizacional de la institución.

Por tales razones proponemos los artículos 56, 57, 58, 59 y 60:

ARTÍCULO 56.- El Escalafón del Alguacil. Para garantizar el reconocimiento al mérito, al esfuerzo, al compromiso, a la capacitación y al talento, los alguaciles estarán clasificados en cinco clases, las cuales se desglosan de la forma siguiente:

a) **Alguacil;** es el rango dentro del escalafón asignado para los alguaciles recién nombrados. Este nivel se representa con una estrella de cinco puntos color dorada.

b) **Alguacil Mayor;** es el rango dentro del escalafón asignado para los alguaciles que han alcanzo el nivel superior. Este nivel se representa con dos estrellas de cinco puntos color dorada.

c) **Alguacil Encargado;** es el rango dentro del escalafón asignado por defecto para los alguaciles que han sido designados como encargados de las divisiones y secciones dependientes de la Dirección General de Alguaciles o su equivalente. Este nivel se representa con tres estrellas de cinco puntos color dorada.

d) **Alguacil Director;** es el rango dentro del escalafón asignado por defecto para los alguaciles que han sido designados como directores de los departamentos dependientes de la Dirección General de Alguaciles o su equivalente. Este nivel se representa con cuatro estrellas de cinco puntos color dorada.

e) **Alguacil General;** es el rango dentro del escalafón asignado por defecto para el alguacil que ha sido designado como Director General de Alguaciles. Este nivel se representa con cinco estrellas de cinco puntos color dorada.

ARTÍCULO 57.- El escalafón tiene como objetivo de agrupar a los alguaciles por sus capacidades, habilidades y experiencias para facilitar la distribución del trabajo y la planificación estratégica de los recursos humanos, así como la justa remuneración; de que será asignado por el Consejo Superior de los Alguaciles.

ARTÍCULO 58.- Consejo Superior de Alguaciles. El Consejo Superior de Alguaciles estará integrado por el Director General de Alguaciles, quien lo presidirá, los directores de los departamentos ordinarios y los exdirectores generales; quienes luego de cumplir con su periodo de mandato ostentarán el rango de alguaciles directores vitalicios.

ARTÍCULO 59.- El Consejo Superior de los Alguaciles tiene la competencia de:

a) Establecer los requisitos necesarios para cada rango dentro del escalafón de los alguaciles y de los agentes dentro de la Dirección General de Alguaciles.

b) Establecer el escalafón de los agentes de la Dirección General de Alguaciles.

c) Evaluar las solicitudes de ascenso de todos los alguaciles y agentes hasta el rango de alguacil encargado, inclusive.

d) Autorizar los ascensos de todos los alguaciles y agentes hasta el rango de alguacil encargado, inclusive.

e) Establecer el Reglamento Disciplinario y de Procedimiento Disciplinario de las facultades sancionadoras de la Dirección General de Alguaciles para el personal bajo su dependencia.

PÁRRAFO I.- El director general de Alguaciles designará a los alguaciles directores, los cuales tendrán dicho rango de forma transitoria. Posteriormente, obtendrán el rango de alguacil encargado.

ARTÍCULO 60.- Los Agentes. La Dirección General de Alguaciles utilizará personal especializado para el soporte y apoyo de sus atribuciones; los cuales se denominarán agentes.

CAPÍTULO XII

RÉGIMEN DISCIPLINARIO

La Dirección General de Alguaciles emitirá varios reglamentos especializados correspondientes al régimen disciplinario; los cuales serían: el Reglamento Disciplinario y el Reglamento Procesal Disciplinario.

La conformación estructural de este régimen es basada en las normativas constitucionales, en las leyes vigentes, en las resoluciones emitidas por el Consejo del Poder Judicial, los decretos emitidos por el Poder Ejecutivo y las resoluciones emitidas por Director General de Alguaciles.

Sin embargo, se hace urgente definir la composición del Tribunal Disciplinario, las atribuciones sancionatorias, sus competencias, entre otros aspectos fundamentales.

Normativas expresamente detalladas permiten no sólo un correcto desempeño del uso de la herramienta del poder, sino que conminar a todos a mantenerse bajo lineamientos de estricta vocación ética y profesional.

Los Alguaciles históricamente han sido desconsiderados por las malas prácticas de unos pocos, que han logrado impunidad, haciendo de su práctica dolosa un hecho cotidiano, destruyendo la moral y la imagen de todos los Alguaciles, en lenguaje popular "han pagado justos por pecadores."

Se hace urgente definir la composición del tribunal disciplinario, las atribuciones sancionatorias, sus competencias, entre otros aspectos fundamentales.

Por tales razones proponemos los artículos 61, 62, 63, 64, 65, 66, 67, 68, 69, 70, 71, 72 y 73:

ARTÍCULO 61.- La Dirección General de Alguaciles tiene facultad sancionatoria y disciplinaria para todo su personal dependiente, la cual, podrá establecer las siguientes sanciones:

a) Amonestación verbal

b) Amonestación Escrita

c) Suspensión sin disfrute de salario.

d) Destitución.

ARTÍCULO 62.- Faltas. Se consideran faltas todas las conductas que contravengan el comportamiento ético, la probidad y el correcto desempeño de los miembros de la Dirección General de Alguaciles o que afecten la buena imagen de la institución.

ARTÍCULO 63.- Tipos de faltas. Esta ley establece faltas leves, graves y muy graves. Las faltas leves dan lugar a amonestación verbal o escrita advirtiendo al funcionario que no incurra nuevamente en la falta y exigiendo que repare los agravios morales o materiales ocasionados. Las faltas graves dan a la suspensión sin disfrute de sueldo de hasta noventa días. Las faltas muy graves dan lugar a la destitución.

ARTÍCULO 64.- Prescripción. El ejercicio de la acción disciplinaria prescribe a los seis meses para las faltas leves; a los doce meses para las faltas graves y a los 24 meses en caso de faltas muy graves. El plazo de la prescripción inicia a partir de la fecha en que sucedieron los hechos. El inicio del procedimiento disciplinario interrumpe el plazo de prescripción.

ARTÍCULO 65.- Amonestación verbal. Serán objeto de amonestación verbal las faltas leves siguientes:

a)   Incumplir el horario de trabajo sin causa justificada;

b)   Descuidar el rendimiento y la calidad de trabajo;

c)   Descuidar los bienes y equipos puestos bajo su responsabilidad;

d)   Cualesquiera otros hechos u omisiones menores así definidos por el Reglamento Disciplinario que disponga el Consejo Superior de Alguaciles.

ARTÍCULO 66.- Amonestación escrita. Son faltas leves que dan lugar a amonestación escrita, las siguientes:

a)   Dejar de asistir al trabajo o ausentarse de éste, por un día, sin justificación;

b)   Descuidar el manejo de documentos y expedientes, sin consecuencias apreciables;

c)   Desatender o atender con negligencia o en forma indebida sus responsabilidades o el mandato de su superior jerárquico;

d)   Dar trato manifiestamente descortés a los subalternos o a los superiores jerárquicos o al público;

e)   Cometer una segunda falta sancionable con amonestación verbal en un periodo de seis meses;

f)   Cualesquiera otros hechos u omisiones menores así definidos por el Reglamento Disciplinario que disponga el Consejo Superior de Alguaciles.

ARTÍCULO 67.- Faltas graves. Son faltas graves que dan lugar a suspensión desde 30 hasta 90 días, sin disfrute de sueldo, las siguientes:

a)   Tratar reiteradamente de forma irrespetuosa, agresiva, desconsiderada u ofensiva a los superiores jerárquicos, a los subalternos o al público;

b)   Incumplir las instrucciones particulares dictadas de conformidad con esta normativa, sin perjuicio de la facultad de objeción;

c)   Descuidar el manejo de documentos o de sus responsabilidades, con consecuencias de daño o perjuicio para los ciudadanos o el Estado;

d)   Ocasionar o dar lugar a daño o deterioro de los bienes que se le confían, por negligencia o falta debida a descuido;

e)   Dejar de asistir injustificadamente al trabajo durante tres días consecutivos o seis no consecutivos en un período no mayor de 90 días;

f)   Actuar, en cualquier caso, que se encuentre bajo su conocimiento, a consecuencia del tráfico de influencias ejercido sobre él por personas con poder político, económico o social; o bien, sin recibir ninguna insinuación en tal sentido, resolver contrario al protocolo con la evidente intención de satisfacer tales intereses;

g) Cualesquiera otros hechos u omisiones así definidos por el Reglamento Disciplinario que disponga el Consejo Superior de los Alguaciles.

ARTÍCULO 68.- Faltas muy graves. Son faltas muy graves que dan lugar a destitución las siguientes:

a) Solicitar, aceptar o recibir, directamente o por intermedio de otras personas, comisiones en dinero o en especie, gratificaciones, dádivas, obsequios o recompensas por la realización o no de los servicios inherentes a su cargo;

b) No registrar dentro de los plazos establecidos el acto realizado bajo su competencia.

c) Violentar las disposiciones de confidencialidad;

d) Incurrir en acoso sexual;

e) Realizar actividades político partidarias o autorizar u ordenar la realización de tales actividades;

f) Realizar o permitir actos de fraude en relación con el reconocimiento y pago de sueldo, indemnizaciones, auxilios, incentivos, viáticos, bonificaciones o prestaciones sociales;

g) Incurrir en difamación, insubordinación o conducta inmoral en el trabajo, o en algún acto que afecte gravemente la institución de la Dirección General de Alguaciles;

h)   Presentar documentos falsos o adulterados para el ingreso o ascenso; o para procurar derechos o beneficios institucionales;

i)   Uso de sustancias narcóticas o estupefacientes, debidamente comprobado;

j)   Dejar de asistir injustificadamente al trabajo durante más de cinco días consecutivos o más de diez no consecutivos en un período no mayor de 90 días, incurriendo así en el abandono del cargo;

k)   Reincidir en faltas graves en un período no mayor de dos años.

l)   Cualesquiera otros hechos u omisiones así definidos por el Reglamento Disciplinario que disponga el Consejo Superior de Alguaciles.

ARTÍCULO 69.- Son sancionables y vinculantes al ejercicio del alguacil y de los agentes en adición a los reglamentos internos de la Dirección Nacional de Alguaciles, las normativas emitidas por el Consejo del Poder Judicial y la Ley 41-08 de Función Pública.

PÁRRAFO I.- Toda sanción, exceptuando la amonestación verbal, deberá ser notificada al infractor por escrito, debidamente motivada y justificada.

ARTÍCULO 70.- Tribunal disciplinario. El Tribunal Disciplinario estará compuesto por tres alguaciles miembros, nombrados para los fines por la Dirección General de Alguaciles. El Inspector Nacional actuará en función de fiscal, pudiendo delegar su función en cualquier inspector bajo su dependencia.

ARTÍCULO 71.- El Tribunal Disciplinario estará regido por reglamento expreso del Consejo Superior de Alguaciles y sus decisiones podrán ser apeladas por ante el tribunal de alzada que estará integrado por el Director General de Alguaciles, quien lo presidirá, el Director del Departamento Requerimiento, el Director del Departamento de Operaciones, el Director del Departamento de Registro y el Director de la Academia Superior de Alguaciles.

ARTÍCULO 72.- La no comparecencia al juicio disciplinario que se le ha convocado se interpretará como una renuncia expresa a la institución y otorga todo tipo de descargo en favor de la Dirección General de Alguaciles.

ARTÍCULO 73.- En caso de que el citado falte por causa justificada, este puede solicitar en un plazo de un día franco la realización de una nueva audiencia, exponiendo las causas de su ausencia. El tribunal decidirá sobre la admisibilidad de la causa de la ausencia.

CAPÍTULO XIII

ATRIBUCIÓN ESPECIAL

Dentro de nuestra biblioteca legislativa podemos encontrar multas en el ámbito civil, penal, de tránsito, municipal, entre otras disciplinas, con el fin de sanear en cierta medida la acción punible, sin embargo, sin importar la materia del tribunal que la imponga esta siempre será de naturaleza pecuniaria en favor del Estado. En tal sentido, la institución competente para reclamar y otorgar descargo por cumplimiento debe ser la Dirección General de Alguaciles; lo que en la actualidad representa un contra sentido, cuando el Ministerio Publico asume competencias civiles que están fuera de su propia naturaleza orgánica.

Por tales razones proponemos el Artículo 74:

> **ARTÍCULO 74.- Atribulación Especial.** La Dirección General de Alguaciles en adición a sus atribuciones tendrá a su cargo los servicios de cobro de multas.

La distribución del beneficio otorgado producto de las multas debe ser distribuido según la ley que la impone, reconociendo la ponderación del legislador en cada caso específico para una justa redistribución entre los órganos involucrados. Sin afectar el equilibrio de dicha distribución debe contemplarse un porcentaje para cubrir los costos de la institución que debe perseguir el cobro de estas multas, que permita mejorar los mecanismos y sistemas para el cobro efectivo como la persecución activa de quienes se niegan a pagar o pretenden distraer los fondos comprometidos.

En la actualidad, la tasa de cumplimiento en el pago de las multas no supera el cincuenta por ciento (50%) de las impuestas, representando una debilidad evidente y latente del Estado. Esta propuesta establece un importe del veinte por ciento (20%) de la multa impuesta para cubrir costo operativo del cobro y la persecución civil; dejando el ochenta por ciento (80%) para ser distribuidos en las condiciones que la ley que la impuso lo establezca.

Por tales razones proponemos el Artículo 75:

> **ARTÍCULO 75.**- La Dirección General de Alguaciles recibirá como justa compensación del cobro de las multas el 20 % del monto envuelto. El restante 80 % será distribuido equitativamente en las disposiciones que establezca la norma que la imponga.

El reconocimiento de cada multa como una deuda en contra del Estado es lo que permitirá que la Dirección Nacional de Alguaciles pueda accionar en persecución activa en contra de los bienes del multado, utilizando los medios establecidos por el Código Civil Dominicano y el Código de Procedimiento Civil.

Por tales razones proponemos el Artículo 76:

> **ARTÍCULO 76.**- Las multas establecidas por sentencia irrevocable, serán títulos ejecutorios, habilitando a la Dirección

General de Alguaciles para actuar en nombre del Estado Dominicano para requerir al alguacil para que proceda a realizar embargo ejecutivo en contra de los responsables del pago de la multa en cuestión.

PÁRRAFO I.- Los costos derivados de las ejecuciones civiles y del procedimiento se adicionarán al monto perseguido a cargo del infractor.

Es imperante la necesidad de la actualización de muchas multas que fueron impuestas hace décadas y contemplan montos que hoy resultan irrisorios, en tal sentido debe hacerse una actualización en relación con el salario mínimo nacional, de esta forma el monto de las multas se adecua automáticamente cada vez que haya un aumento del salario mínimo público establecido por el Estado, a través del Consejo de Seguridad Social.

Por tales razones proponemos los Artículos 77, 78, 79, 80, 81 y 82:

ARTÍCULO 70.- Actualización de multas. Todas las multas serán basadas en un porcentaje o múltiplo del salario mínimo nacional establecido. Cuando el Estado estableciere varios salarios mínimos el Consejo del Poder Judicial establecerá cuál de estos será el salario de referencia.

PÁRRAFO I.- Para las multas que anterior a la promulgación de esta ley establecieran montos inferiores a RD$ 99.99 en lo adelante se impondrá multa del 50 % del salario mínimo.

PÁRRAFO II.- Para las Multas que anterior a la promulgación de esta ley establecieran montos superiores a los RD$ 100.00 e inferiores a RD$ 999.99 en lo adelante se impondrá la multa de un salario mínimo.

PÁRRAFO III.- Para las multas que anterior a la promulgación de esta ley establecieran montos superiores a los RD$ 1,000.00 e inferiores a RD$ 9,999.99 en lo adelante se impondrá la multa de 10 salarios mínimos.

PÁRRAFO IV.- Para las multas que anterior a la promulgación de esta ley establecieran montos superiores a los RD$ 10,000.00 e inferiores a RD$ 99,999.99 en lo adelante se impondrá la multa de 100 salarios mínimos.

PÁRRAFO V.- Para las multas que anterior a la promulgación de esta ley establecieran montos superiores a RD$ 100,000.00 en lo adelante se impondrá la multa de 1,000 salarios mínimos.

Es importante establecer una responsabilidad solidaria entre todos los vinculados en la acción punitiva, ciertamente hay una relación intrínseca entre el actor de la infracción y el propietario dueño del medio que dio lugar a la acción sancionada. Por tal motivo, la ley debe establecer una persecución solidaria en contra de todos, para lograr satisfacer el cumplimiento de la multa impuesta.

Por tales razones proponemos los Artículos 78 y 79:

ARTÍCULO 78.- Cuando la multa impuesta sea por una infracción de tránsito, el conductor, el vehículo y los propietarios del vehículo estarán solidariamente ligados a la deuda correspondiente producto de la multa.

ARTÍCULO 79.- Cuando la multa impuesta sea a un bien inmueble, los propietarios del inmueble estarán solidariamente ligados a la deuda correspondiente producto de la multa.

En procura de establecer un equilibrio en la priorización de cumplir con los compromisos y obligaciones con el Estado y proteger la dignidad de las personas a desarrollarse y el disfrute de la justa remuneración por servicios laborales ofrecidos, esta propuesta establece un tope de un veinte por ciento (20%) para el embargo de los salarios, permitiendo un desarrollo sostenible en la vida del multado y al mismo tiempo un mecanismo efectivo para saldar la deuda con el Estado.

Por tales razones proponemos los Artículos 80 y 81:

ARTÍCULO 80.- Capacidad de embargo de salario. La Dirección General de Alguaciles podrá proceder, por acto de alguacil, a notificar la sentencia al empleador, para que descuente el importe de la obligación de la multa, sin que dicha cantidad exceda mensualmente del 20 % del salario y sus prestaciones laborales luego de las deducciones de ley.

PÁRRAFO I.- El incumplimiento de hacer el descuento de salario correspondiente convierte al empleador en responsable solidario de las cantidades no descontadas.

ARTÍCULO 81.- La Superintendencia de Bancos de la República Dominicana prestará toda la colaboración necesaria para identificar los activos de las personas morales o físicas deudoras por razones de multas impuestas por los tribunales.

CAPÍTULO XIV

DISPOSICIONES PENALES

Se hace necesario establecer una cantidad de sanciones punitivas para garantizar el correcto desempeño de los alguaciles, en su mayoría van en perjuicio de las acciones que solo pueden ser cometidas por los alguaciles, con la vocación de limitar al mínimo las practicas que dan pie a acciones fraudulentas o dolosas. Las demás sanciones penales van ligadas a personas que pretenden impedir mediante acto de violencia que el alguacil cumpla con su rol o mandato.

Todas estas infracciones se dan en un contexto improvisado, lo que hace imposible la recolección de evidencia con planificación o antelación, por lo cual se hace necesariamente inminente que exista libertad probatoria, permitiendo al tribunal examinar toda clase de evidencias que permitan aclarar los hechos establecidos e individualizar las responsabilidades. Para todo lo demás, esta propuesta se ajusta a lo establecido en el Código Procesal Penal.

Por tales razones proponemos el Artículo 82:

ARTÍCULO 82.- Libertad Probatoria. En la persecución de sancionar los delitos establecidos en la presente ley, los hechos punibles y sus circunstancias pueden ser acreditados mediante cualquier medio de prueba.

La actuación de cada Alguacil está revestida de Fe Pública, irrefutable hasta tanto el tribunal apoderado de la inscripción en falsedad en contra del alguacil declare que los hechos plasmados son falsos; sin embargo, la legislación actual solo plantea sanciones en los casos de existir daños o perjuicios. Teniendo la actuación del alguacil una credibilidad legalmente tan fuerte y los diversos intereses que pueden conminar a un alguacil para plasmar hechos carentes de veracidad, proponemos sanciones penales que hagan poco atractiva la oferta a violentar su honor y la dignidad de su investidura.

El uso de la Fe Pública se ejerce bajo un juramento sagrado, plasmado o no en el documento, que le brinda certeza a toda la sociedad de lo que allí se plantea, un agravante considerable en esta acción es cuando el actor realiza la falsedad para su beneficio propio, ya sea por intercambio de bienes o favores o cualquier otro compromiso.

Por tales razones proponemos los Artículos 83, 84 y 85:

ARTÍCULO 83.- Perjurio de la Fe Pública. Toda certificación dada por una persona investida con Fe Pública se reputa como un juramento apegado a la verdad. Al establecer hechos no reales o falsos comete el delito de Perjurio de la Fe Pública y se castigará con reclusión menor de un año y multa de cincuenta salarios mínimos, perdiendo para siempre el ser investido de Fe Pública y no podrá ejercer ninguna función en el Estado por los próximos cinco años.

ARTÍCULO 84.- Perjurio Agravado de la Fe Pública. Toda certificación dada por una persona investida con Fe Pública lo hace en juramento apegado a la verdad. Al establecer hechos no reales o falsos con fines de lucrarse o dañar intencionalmente a otra persona comete el delito de Perjurio Agravado de la Fe Pública y se castigará con reclusión menor de dos años, multa de cien salarios mínimos, perdiendo para siempre el ser investido de Fe Pública y no podrá ejercer ninguna función en el Estado por los próximos cinco años.

ARTÍCULO 85.- Perjurio. Toda persona que bajo la fe del juramento está obligado a apegarse a la verdad, sea en audiencia, ante un juez, notario público o cualquier autoridad competente para recibir declaración bajo la Fe del juramento; toda persona bajo la Fe del juramento que afirmara algún hecho falso o su declaración no obedezca a la verdad comete el delito de perjurio y se castigara con reclusión menor de dos años y multa de cien salarios mínimos.

Cada empleado o funcionario público tiene la obligación de cumplir la Constitución y las leyes, en igual medida, las ordenanzas judiciales que tienen fuerza de ley; por lo cual, ninguno, sin importar su investidura o sus limitaciones puede obrar u omitir un mandato expreso. De hacerlo, lo hace valiéndose de una investidura a la cual no le hace honor, por eso proponemos que se tipifique el desacato como una violación expresa e intencionada para evitar el cumplimiento de ley u ordenanza judicial.

Por tales razones proponemos el Artículo 86:

ARTÍCULO 86.- Desacato. El Estado en su rol institucional no debe negarse a cumplir la ley o las ordenanzas judiciales;

> por lo cual, cualquier funcionario o empleado del Estado, civil o militar, que en el cumplimiento de sus atribuciones se negare a cumplir estrictamente las ordenanzas judiciales comete el delito de Desacato Judicial y se castigará con reclusión menor de dos años, multa de cien salarios mínimos, la destitución y no podrá ejercer ninguna función en el Estado por los próximos cinco años.

El uso de la violencia es diverso, pero en el interés que nos refiere tiene un único fin, el cual es impedir el estricto cumplimiento de las ordenanzas judiciales, de la ley o de la Constitución. El uso deliberado de la violencia con estos fines debe sancionarse, primero para incentivar a las partes afectadas a no cometer este delito y segundo para motivar la cultura de obediencia, cooperación y subordinación a las disposiciones emitidas por los jueces o la autoridad competente.

La violencia debe ser reprimida en cualesquiera de sus manifestaciones; jamás el Estado puede permitir que particulares determinen la suerte de la justicia al implementar acciones deliberadas para impedir el mandato emitido por una autoridad competente.

Por tales razones proponemos los Artículos 87, 88, 89, 90, 91, 92 y 93:

> **ARTÍCULO 87.- Obstrucción de la Justicia.** Toda persona que de manera intencional cometiera acciones para evitar y obstruir que se cumpla lo juzgado, las disposiciones de las ordenanzas judiciales o títulos de fuerza ejecutoria, comete el delito de Obstrucción de la Justicia y se castigará con reclusión menor de un año, multa de cincuenta salarios

mínimos y no podrá ejercer ninguna función en el Estado por los próximos cinco años.

ARTÍCULO 88.- Obstrucción de la Justicia Agravada. Toda persona que de manera intencional cometiera acciones para evitar y obstruir que se cumpla lo juzgado, las disposiciones de las ordenanzas judiciales o títulos de fuerza ejecutoria, utilizando amenaza, violencia, constreñimiento o a su vez ponga en peligro al personal que la ejecuta, comete el delito de Obstrucción de la Justicia Agravada y se castigará con reclusión menor de dos años, multa de cien salarios mínimos y no podrá ejercer ninguna función en el Estado por los próximos cinco años.

ARTÍCULO 89.- Violación a la Integridad de un Documento de Fe Pública. Toda persona que altere, modifique, tache, o manipule el contenido o la forma de un acto o documento producto del ejercicio de un alguacil comete el delito de Violación a la Integridad de un Documento de Fe Pública y se castigará con reclusión menor de un año, multa de cincuenta salarios mínimos y no podrá ejercer ninguna función en el Estado por los próximos cinco años.

ARTÍCULO 90.- Agresión contra los Alguaciles. Toda persona que, por represalia, venganza, mala Fe u odio agrediera de forma verbal, física o psicológica a un alguacil o cualquier empleado dependiente de la Dirección General Alguaciles comete el delito de Agresión contra los Alguaciles y se castigará con reclusión menor de un año y multa de cincuenta salarios mínimos.

ARTÍCULO 91.- Co-autores y Cómplices. Cuando los hechos delictivos sean cometidos por más de un autor, sus coautores y cómplices recibirán las mismas penas impuestas de forma igualitaria.

ARTÍCULO 92.- Sumatoria de Penas. Cuando una persona cometiera más de un delito establecido en la presente ley se hará un cúmulo de penas y será sentenciado a la totalidad de la sumatoria de los castigos impuestos.

ARTÍCULO 93.- Los tipos penales establecidos en esta ley no derogan ninguna disposición del Código Penal Dominicano, sino que se adicionan al compendio de disposiciones penales establecidas en la República Dominicana.

CAPÍTULO XV

DISPOSICIONES GENERALES Y DISPOSICIONES TRANSITORIAS

Las disposiciones generales eminentes de toda normativa es la derogación automática de todas las disposiciones anteriores, con especial atención en aquellas normativas que le son contrarias.

Las disposiciones transitorias obedecen a la expresión de una situación específica para regular o condicionar el desarrollo actual del desempeño institucional.

Aunque la transferencia del personal queda implícitamente establecida en esta propuesta, es importante pronunciarla como mandato vinculante a los actores administrativos que interactúan con el alguacil o con su ejercicio.; para evitar trámites burocráticos.

Por tales razones proponemos los artículos 94, 95, 96, 97, 98, 99, 100, 101, 102, 103, 104 y 105:

> **ARTÍCULO 94.-** Quedan derogadas todas las normativas dictadas sobre alguaciles con anterioridad, al igual que se derogan todas las disposiciones y normativas contrarias o que entren en contradicción, dictadas con anterioridad.

ARTÍCULO 95.- Se deroga el artículo 51 de la ley 140-15 del Notariado e instituye el Colegio Dominicano de Notarios.

ARTÍCULO 96.- Se declara el 12 de septiembre de cada año como Día Nacional del Alguacil.

TRANSITORIOS

ARTÍCULO 97.- Para la primera elección del Director General de Alguaciles, se suprimirán los requisitos plasmados en el artículo 12 en el inciso "C" y "D" de la presente Ley.

ARTÍCULO 98.- La Academia Superior de Alguaciles deberá agotar todos los procedimientos establecidos hasta conseguir el reconocimiento del Ministerio de Educación Superior, Ciencias y Tecnología - MESCYT como "Instituto Especializado de Estudios Superiores".

ARTÍCULO 99.- La Escuela Nacional de la Judicatura validará los programas académicos de la Academia Superior de Alguaciles, otorgando titulación conjunta de dichos programas validados hasta tanto la Academia Superior de Alguaciles reciba la aprobación como "Instituto Especializado de Estudios Superiores otorgada por el Ministerio de Educación Superior, Ciencia y Tecnología" – MESCYT.

ARTÍCULO 100.- Todos los alguaciles que, al momento de la de entrada en vigencia de esta normativa, no hayan alcanzado el grado profesional de Licenciado en Derecho tendrán un plazo de un año para iniciar sus estudios y cinco años para obtenerlo. El alguacil que no cumpla esta disposición será dado de baja de forma automática y separado de la institución por ser declarado no competente para las funciones de alguacil.

ARTÍCULO 101.- El alguacil que al entrar en vigencia esta normativa tenga más de 60 años cumplidos, quedarán exonerado de la obligatoriedad de titularse como licenciado en derecho, siempre y cuando, hayan cursado el Programa de Capacitación Avanzada para Alguaciles en un plazo no mayor de un año.

ARTÍCULO 102.- Se ordena la transferencia de personal de todos los alguaciles de estrado y de todos los alguaciles ordinarios a la Dirección General de Alguaciles; de igual forma se transferirán las asignaciones presupuestarias para cubrir la correspondiente carga laboral y los demás gastos vinculados.

ARTÍCULO 103.- Se ordena la transferencia de todo el personal que labora en los Centros de Citaciones a la Dirección General de Alguaciles; de igual forma, se transferirá el uso del espacio físico, los equipos de oficina, los equipos tecnológicos, los mobiliarios y las asignaciones presupuestarias para cubrir la correspondiente carga laboral y los demás gastos vinculados.

ARTÍCULO 104.- Se ordena la asignación de un espacio físico adicional para el uso exclusivo de la Dirección General de Alguaciles en todos los palacios de justicia, tribunales, infraestructuras y edificaciones del Poder Judicial.

ARTÍCULO 105.- Entrada en Vigencia de la presente ley. La presente ley entrará en vigencia plena a los 180 días después de su promulgación; debiendo el Estado hacer las adecuaciones necesarias antes de su entrada en vigencia.

CAPÍTULO XVI

LA HISTORIA DE ESTA PROPUESTA

Mis años como alguacil comenzaron en el año 2007, asignado al Centro de Citaciones de la Jurisdicción Penal del Distrito Nacional, donde su encargada Ysmaira Carolina Peralta me recibió e instruyó en esta nueva profesión; en ese mismo mes conocí al ministerial Hipólito Girón Reyes, quien fungía como presidente de la Asociación Dominicana de Alguaciles y la muy diligente Yolanda Gutiérrez. Entre los tres desarrollamos distintas jornadas para el fortalecimiento del sector y del gremio. En la búsqueda de soluciones de cada una de las problemáticas dedicamos horas incalculables, describiendo estándares e ideales que deberían ser la norma entre los alguaciles. Sin embargo, el gremio era débil y no lograba llamar la atención de las autoridades del momento. Al paso de los años, emigré a otras actividades profesionales, renunciando a mi labor como alguacil.

Ya para el año 2014, una de mis actividades de pasatiempo más activas era conocer el país viajando en un motor Harley Davidson, esta pasión era compartida con el magistrado Samuel Arias Arzeno, quien en ese momento se despeñaba como miembro del Consejo del Poder Judicial. En uno de esos paseos coincidimos con el tema de los alguaciles y cómo resolver sus problemáticas. Le comenté todos los esfuerzos realizados desde la Asociación Dominicana de Alguaciles para enfrentar las problemáticas que hasta el momento seguían latentes entre los alguaciles. En ese momento nos comprometimos a realizar juntos una propuesta de resolución que pudiera ser una solución definitiva.

Al cabo de unos meses teníamos listo el primer borrador para esta propuesta de resolución que llamaríamos el "Estatuto del Alguacil". Sin embargo, teníamos una enorme traba política que superar; el magistrado Samuel entendía que no era estratégico llevar la propuesta al Consejo del Poder Judicial como una iniciativa propia, todo esto por conflictos políticos con el magistrado presidente que aún no logro comprender. Sin embargo, me refirió al magistrado Justiniano Montero y Montero como la vía idónea para poder presentarle al magistrado presidente Mariano German Mejía la propuesta hasta el momento construida.

Con la ayuda de mi esposa, Elizabeth Mateo Pérez, quien fuere una alumna destacada del magistrado Justiniano Montero y Montero, Director General de la Carrera Judicial y Administrativa en ese entonces; sin contratiempos nos recibió y nos permitió presentarle la propuesta de resolución, de inmediato brindó sus mejores oficios para que el magistrado presidente nos recibiera.

En la primera visita al magistrado Mariano German Mejía, tuvimos la oportunidad de presentarle la propuesta, quien exclamo mucha admiración por los esfuerzos evidenciados pero nos encomendaba una ruta política distinta y de mayor consenso;

el magistrado Presidente entendía que la propuesta debía venir desde la Sociedad Civil, que las principales organizaciones de la sociedad civil organizada respaldaran la propuesta para cuando él la asumiera no fuera objeto de contraposiciones ni crítica, ya que a todas luces estas reformas planteaban romper con los paradigmas del pasado y crear unos nuevos estándares y procedimientos para el ejercicio de los Alguaciles. De inmediato asumimos el reto, con la diferencia que tendríamos que trabajar en una propuesta de ley, pues para la Sociedad Civil las resoluciones carecen del peso de su atención.

La primera institución que visité en búsqueda de respaldo fue la Asociación Dominicana de Alguaciles por ser mi antiguo hogar de luchas y sueños, que seguía siendo presidido por mi buen amigo Hipólito Girón Reyes. Como era de esperarse, el respaldo fue inmediato, las enormes coincidencias de visión y criterio permitieron armonizar la propuesta; sin embargo, la propuesta hasta el momento era limitada para lo abarcadora que debía ser una propuesta legislativa. Acordamos que yo le entregaría a la Asociación todos los esfuerzos realizados hasta el momento y la propuesta pasaría a ser autoría de la Asociación y juntos completaríamos los esfuerzos para obtener la mejor reforma posible. Hipólito designó un equipo de trabajo para que juntos presentáramos el primer borrador de la Propuesta Legislativa "Ley del Alguacil"; este equipo estaba integrado por Hipólito Girón que lo presidía, Yolanda Gutiérrez, Wander Sosa, Edwin Felipe Severino, Aldrin Cuello, Marcial Liriano, José de la Cruz, Luz Milagro Núñez; Cristhian Abreu, César Fermín Frías Rivera, Delio (Taino) Minaya y yo, que me desempeñaba como encargado técnico de la propuesta.

En el año 2015 y a raíz de todo este esfuerzo fui designado como Director Ejecutivo de la Asociación Dominicana de Alguaciles, con lo que se reforzaban los compromisos para desarrollar las reformas que desde el 2007 retumbaban en nuestras cabezas. De mi parte, entendí que la designación simbolizaba un sacerdocio por el cual quedaba justificado el darlo todo.

Luego de tener el primer borrador de nuestra propuesta legislativa "Ley del Alguacil" comenzamos un sinnúmero de visitas a legisladores para que nos enriquecieran nuestra propuesta antes de llevarla a la opinión pública; de la cual podemos destacar la visita al senador por la provincia de Santiago, Julio Cesar Valentín, quien nos brindó su respaldo, sin embargo nos encomendó el elemento más difícil, la propuesta debía ser autosuficiente; teníamos que identificar los medios para obtener los fondos necesarios para implementar las reformas propuestas, de lo contrario nos retiraría el apoyo endosado.

Este nuevo reto nos llevó de nuevo a la mesa de análisis y discusión; tenía que estar resuelto antes de seguir visitando legisladores. En pocas semanas lo habíamos resuelto; entonces continuamos con las visitas.

Logramos reunirnos por separado con el diputado por la Provincia de La Romana Pedro Botello, con la diputada por la provincia Santo Domingo Karen Ricardo, con el diputado por la provincia Santo Domingo Elpidio Báez, con el diputado por la provincia La Vega Rogelio Genao, con el diputado por el Distrito Nacional Alberto Atallah, con el senador por la provincia de San Cristóbal Tommy Galán, entre otros legisladores que nos aportaron información y puntos de vista. Sin embargo, a todos le pedimos que no asumieran la posibilidad de someter nuestra propuesta en sus cámaras; pues estábamos convencidos de que la propuesta debía ser sometida a través de la facultad legislativa que tiene el pleno de la Suprema Corte de Justicia, para evitar que la propuesta se politizara o que algún partido político se adjudicara la autoría de la misma.

En agosto del 2015 fue promulgada la desdichada ley 140-15 sobre El Notariado, que en su artículo 51 le otorgaba de forma exclusiva la facultad de realizar los actos de ejecuciones civiles a los Notarios excluyendo a los Alguaciles de estas atribuciones.

Esta situación desató una gran cantidad de actividades vinculadas a enfrentar esta nueva ley y a la vez contraponerla con nuestra propuesta. Desde acciones en el Tribunal Constitucional hasta encuentros y alianzas con diversas organizaciones de la sociedad civil organizada.

La euforia provocada por la ley del notariado dentro del sector ayudó a una mayor integración de todos los Alguaciles, resultando en asistencias acaudaladas en las reuniones y asambleas convocadas por la Asociación.

La propuesta fue tomando mayor fuerza, ya que es la única respuesta que los Alguaciles podrían abrazar para resolver las crisis históricas y la recién crisis provocada por la ley del notariado, En ese momento es cuando la Asociación decide realizar 14 encuentros provinciales y regionales y un gran encuentro regional donde la propuesta legislativa fue presentada, discutida y mejorada.

Luego de agotar la extensa agenda de encuentros y tener un nuevo borrador mucho más acabado decidimos visitar a los miembros del Consejo del Poder Judicial y salir a promover el proyecto por las instituciones de sociedad civil que desarrollaban temas vinculados al sector justicia y el fortalecimiento del Estado.

Comenzamos visitando a la Alianza Dominicana Contra la Corrupción – ADOCCO donde Julio César de la Rosa Tiburcio pondero los aspectos vinculados para fortalecer los controles y evitar la corrupción; la Fundación Justicia y Transparencia – FJT, donde Trajano Vidal Potentini nos hiciera varias recomendaciones sobre principios de derecho Administrativo; a través de Rafael Paz Familia logramos visitar al presidente del Consejo Nacional de la Empresa Privada - CONEP, donde nos recibió Rafael Blanco el cual nos felicitó por la elaboración de nuestra propuesta; en la Asociación Nacional de Jóvenes Empresarios – ANJE expusimos a su presidente y a la Comisión de Justicia, quienes debatieron el alcance y la efectividad de la propuesta; la Asociación de Bancos Comerciales – ABA nos recibió el Pleno de Vicepresidentes Legales de los bancos miembros, done se realizó una extensa exposición y se debatió sobre la necesidad de fortalecer las capacidades de recaudación económica para evitar que las limitaciones provocaran un estancamiento en el proceso judicial; para lo cual se realizó un estudio actuarial para garantizar la efectividad económica de la propuesta; en el Centro Juan XXIII nos recibió su presidente Enrique Noboa, quien valoro lo integral y abarcadora que era nuestro propuesta; en Participación Ciudadana, nos recibió Rosalía Sosa la cual pondero los aportes de nuestra propuesta y nos remitió a la Fundación Institucionalidad y Justicia – FINJUS.

En FINJUS decidieron estudiar la propuesta junto a nosotros y designo al señor Carlos Villaverde Gómez para que en una mesa de trabajo evaluáramos la pertinencia de cada artículo; así lo hicimos durante ocho meses hasta que el 11 de marzo del 2016 se realizó un evento especial titulado "El nuevo Rol del Alguacil en el sistema de administración de justicia" en las instalaciones del Hotel Jaragua dirigido por la Fundación Institucionalidad y Justicia – FINJUS y la Agencia Internacional para el Desarrollo de la embajada de los Estados Unidos de Norteamérica – USAID en el cual se presentó a la sociedad en general la propuesta de la Ley del Alguacil.

Sostuvimos además reuniones con academias de altos estudios, que dieron su apoyo a la propuesta innovadora a través de la presentación en sus espacios y en sus actividades académicas. El 29 de julio del 2016 tuvimos la oportunidad de presentarla en la Universidad Católica de Santo Domingo – UCSD con la presencia del Decano, Dr. Román Jaquez; el 6 de octubre del 2016 disertamos nuestra propuesta en la Pontificia Universidad Católica Madre y Maestra – PCUMM; en la Universidad Autónoma de Santo Domingo – UASD tuvimos varias presentaciones invitado por el Decano de la Facultad de Ciencias Jurídicas y Sociales, el Dr. Antonio Medina.

Dentro de Sector Estatal, nos reunimos con la Superintendencia de Salud y Riesgos Laborales – SISALRIL, el Dr. Pedro Luis Castellanos, el Superintendente, quien nos refirió que la única forma que la ley plantea para que los Alguaciles Ordinarios entren a la seguridad social es dotándolo de un salario fijo. En nuestro encuentro el magistrado Procurador General de la República, Lic. Francisco Domínguez Brito, en el cual nos ofreció su respaldo y colaboración en la aplicación de la ley en caso de ser aprobada.

El 18 de septiembre del 2017 fue presentada al Consejo del Poder Judicial en pleno nuestra propuesta legislativa y la propuesta de una resolución puente; sesión presidida por el magistrado Presidente Dr. Marino German Mejía, quien enarbolo grandes elogios al esfuerzo realizado por la Asociación en sociabilizar y refinar la propuesta legislativa hasta el más alto estándar y recibí como expositor sus felicitaciones por el dominio, la preparación y el desenvolvimiento en la parte de preguntas y respuestas.

El 12 de septiembre del 2018 se juramentó una nueva Directiva en la Asociación Dominicana de Alguaciles, correspondiente al periodo 2018-2020. En su primera sesión, reconfirmaron su respaldo a la propuesta legislativa y se abrió un espacio de discusión para mejorar con las experiencias adquiridas la propuesta legislativa, resultando una propuesta actualizada, pero conservando la esencia de la propuesta original.

El 20 de noviembre del año 2018 el Congreso Nacional recibió el sometimiento como proyecto de ley de la propuesta legislativa presentada en esta obra, la cual fue firmada y propuesta por los honorables Jean Luis Rodríguez Jiménez, Diputado por la Provincia El Seibo del Partido Revolucionario Moderno (PRM); José Felipe La luz Núñez, Diputado por el Distrito Nacional del Partido de la Liberación Dominicana (PLD); Rogelio Alfonso

Genao Lanza, Diputado por la provincia La Vega del Partido Reformista Social Cristino (PRSC); Graciela Fermín Nuesi, Diputada por la provincia Puerto Plata del Partido Revolucionario Dominicano (PRD); Gloria Roely Reyes Gómez, Diputada por la Provincia Santo Domingo del Partido Revolucionario Moderno (PRM); Karen Lisbeth Ricardo Corniel, Diputada por el Distrito Nacional del Partido de la Liberación Dominicana (PLD).

Hoy en día se debate en el Congreso Nacional nuestra propuesta legislativa y estamos confiados en que será aprobada; la República Dominicana merece un mejor sistema de justicia y esto solo será posible si las sentencias pueden ejecutarse a través de la institucionalización del Alguacil, el órgano que todo juez necesita.